学校体育改革的体制性障碍与机制优化研究

崔丽丽　著

九州出版社
JIUZHOUPRESS

图书在版编目（CIP）数据

学校体育改革的体制性障碍与机制优化研究／崔丽丽著. -- 北京：九州出版社，2020.10

ISBN 978-7-5108-9645-3

Ⅰ．①学… Ⅱ．①崔… Ⅲ．①体育课-教育改革-研究-中小学-中国 Ⅳ．①G633.962

中国版本图书馆 CIP 数据核字（2020）第 198709 号

学校体育改革的体制性障碍与机制优化研究

作　　者	崔丽丽　著	
出版发行	九州出版社	
地　　址	北京市西城区阜外大街甲 35 号（100037）	
发行电话	（010）68992190/3/5/6	
网　　址	www.jiuzhoupress.com	
电子信箱	jiuzhou@jiuzhoupress.com	
印　　刷	北京厚诚则铭印刷科技有限公司	
开　　本	710 毫米×1000 毫米　16 开	
印　　张	10.5	
字　　数	200 千字	
版　　次	2021 年 3 月第 1 版	
印　　次	2021 年 3 月第 1 次印刷	
书　　号	ISBN 978-7-5108-9645-3	
定　　价	68.00 元	

前　言

日月轮转，时光流逝，自从 2003 年开始在高校工作，迄今已经十七年头。求学和工作的过程中，总遇有诸多风雨与困难，但凭一份对学术研究的坚持，以及对自我严格的要求，希望自己的学术研究，做到最完美的呈现。但也因自己能力有限，因此在学术研究上，时时保持战战兢兢的心情，深怕自己的才疏学浅辱没了被研究的对象。在著作即将完成之际，我的心情无法平静，古人有云："如人饮水，冷暖自知"，这句话用来形容自己面对著作撰写过程中的挫折与磨练时，心情所生的起伏，再适合不过了。"不经一番寒彻骨，焉得梅花扑鼻香"，写作过程虽然艰辛，成熟果实的获得也格外香甜。我很高兴《学校体育改革的体制性障碍与机制优化研究》这本书顺利出版，但更让我高兴的是，这本新书的出版，显示了学校体育的发展与改革在当今中国是非常活跃的。

本研究是以"学校体育"和"体制性障碍及机制优化"的理念和理论体系为依据，以我国学校体育改革发展为背景，以解决学校体育改革与发展中所面临的体制性障碍问题，在发展的基础上构建符合我国实际、适应改革需要和国际发展趋势的中国学校体育改革与发展的新机制。涉及这方面的内容广泛，而读者群的背景又各不相同，这就使作者在取材、确定写作目的、写作风格等方面遇到一系列困难。在准备写这本著作时，我脑海中最初的目的是：用系统、学术化的方式来表达基本的学校体育发展与改革内容，同时为读者提供多元化的视角。为达到这一目的，我们力求该书能够做到既深刻又完整、既有可读性又保持学校体育学的完整性，资料既有更新又能顾及原来的传统。在处理意识形态争论的时候，我们力求公正、价值中立，为读者提供各方面的观点资料，让读者自己作出判断。全书共包括七章，概述如下：

第一章绪论，包括研究的缘起与国内外研究现状和研究思路与方法。第二章学校体育的脉络研究包括学校体育发展的影响因素、学校体育的理念、学校体育的定位三个部分。第三章学校体育体制的相关理论包括学校体育改革及相关发展理论、教育管理体制理论、体制性障碍理论、学校体育改革与发展的配套体制四个部分。第四章本研究的相关理论基础包括各学派有关体制的相关理论和其他相关理论。第五章中国学校体育发展与改革的体制性障碍包括制度规则方面的障碍、组织体系方面的障碍和机制运行方面的障碍三个方面。第六章我国学校体育发展与改革的体制性障碍的成因分析主要从体制性障碍形成的因素、学校体育发展与改革的体制性障碍成因、现行体育中的垄断、体制失控与学校体育异化、体制的功利偏差与学校体育价值与功能的缺失等方面来分析。第七章学校体育的机制优化路径包括制度规则的构建与优化、组织体系的改革与优化、运行机制的建设与优化三个方面。作者先后获得社会学学士学位、教育学硕士学位、中国哲学博士学位、教育学博士后，并将自己学习、任教时所学的知识应用于实践中，这些教育经历使作者对体育有一些独特的看法。在本书中，为更能体现学校体育学的新发展，对读者更有吸引力，作者补充了大量的新材料来进行深度撰写。作者尽力提高该书的可读性、简明地阐释艰深的概念，并使用书本中提供的例子来将概念运用到对现实的分析之中。希望阅读该书后，能够帮助读者熟悉学校体育发展与改革的历程以及其目前发挥的作用。不管你的专业是否与体育有关，只要你参与体育运动，或者自身就是体育迷，你就会从中有所收益，或许还能有意外的收获。若有不足之处，敬请理解。

崔丽丽

2020 年 8 月 28 日

目　录

第一章 绪 论

第一节 研究的缘起与国内外研究现状

一、研究的缘起

在党的十八大政治报告中，到 2020 年全面建成小康社会的目标被再次提出来，而且报告强调"要树立强大的政治勇气，抓住机遇，深化改革，消除所有的落后思想观念，破除一切对科学发展具有阻碍作用的不合理体制机制，建立起完善的、规范的、有效的、科学的制度体系，使各项制度更加定型"。尤其需要指出的是，十八大报告中使用了"定型"一词，没有使用"建立"。思想认识、政府、社会、学校等诸多方面的因素都能影响到教育的发展，中共中央 7 号文件明确提出了教育影响因素。这些教育影响因素可以归纳为四个方面：一是领导者关注和相关政策措施；二是思想文化以及舆论导向；三是教育管理以及教学标准；四是制度建设和相关保障条件。在以上四类影响因素中，制度建设因素最为重要，但同时，此类因素也最为薄弱。如果制度建设不到位，领导只是在讲话中表达出重视是没有用的，没有制度条件的约束，错误的思想观念和舆论导向会产生严重的负面影响，缺乏制度条件的约束，监督和督促也会成为一句空话。学校体育的体制优化是新课程改革背景下学校体育在机制与体制改革建设方面的全新命题。这一命题触及学校体育教育领域深层次的改革，备受关注。而学界与基层实践之间对此认识存在差距，学校体育改革是彻底进行，还是回避敏感问题简单做秀，制度重建是坚持创新，还是亦步亦趋因循守旧，这是我们面临的一种价值判断和选择。学校体育的改革在新旧体制的对接中，必然要遭遇一系列重大难题，其间很可能会发生一场轰轰烈烈的体育教育变革。随着社会改革的不断深化，学校体育发展模式的转变；学校体育培养重心的确立；学校教学目标和教学手法的确立；学校体育训练形式的转变；学校体育改革出发点和落脚点的调整等，势必会引起学校体育机制体制的变革，否则，学校体育管理可能会陷入混乱状态。目前制约学校体育办学活力的机制与体制性障碍重重，如学校缺乏办学自主权、人事制度僵化、考核评价不完善、民主管理制度不健全等，这些问题都是涉及学校体育改革的体制性问题，因此找出学校体育改革发展过程中面临的体制与机制性障碍，在操作层面上突破并优化学校体育体制，有效和迅速地满足学校体育改革的需要已势在必行。

二、国内外研究现状

国外学校体育体制的研究主要集中在美国、日本、英国、德国、俄罗斯。这些国家的学校体育管理体制包括地方管理体制和共管体制两种类型，前一种指的是各地方行政机构按照国家制定的学校体育课程标准管理学校体育，德国、美国等主要采用这种管理体制；后一种指的是中央和地方共同对学校体育进行管理，采用该管理体制的国家包括俄罗斯、日本、英国等。通过分析国家关于学校体育管理机构的设置可知，各国政府都设立了专门的学校体育管理机构，同时还出台了学校体育管理制度，而且政府都可以参与管理学校体育事务，这是该管理机制的共同之处。在上一种管理机制中，各个国家都根据自己的实际情况制定了体育课程标准，各国政府都高度重视学校体育教学管理。随着本世纪的到来，学校体育管理体制朝着这一方向不断改革。可是，每一个国家的教育管理制度都各不相同，因此各国的体育课程标准在灵活性和约束性上表现出很大的不同。美国、德国的体育课程标准没有约束力，只起到引导作用，而且各州可以从自身实际情况出发，制定与本州实际情况相适应的体育课程标准，从学校角度来说，也可以根据自己的条件制订体育教学计划。俄罗斯、日本和英国等在遵循统一要求的前提下制定体现各地、各校的体育教学标准，无论是地方还是学校，只能享有很小的自主权。不仅如此，日本政府部门还设立了"校外教育中心"，专门管理学生课外体育活动，而其他国家则通过社会体育组织或团体管理学生课外体育活动。学校拥有实施课程的自主权，但这种自主权是有一定限度的，无论是确定课程内容还是教学方法，都应该从学校和学生的实际情况出发，满足学生的多样化需求。可是各个国家的学校体育管理体制并不相同，运行方式也存在很大的差异，实施体育课程过程中在灵活性和约束性上表现出很大的不同。

我国的学校体育事业已经历了60逾年的发展历程。追溯这六十多年的发展轨迹，可以清晰地看到，正是国家制定实施的体育制度、政策、法规决定着学校体育的步伐与走向。很多学者根据国家制定的制度有针对性地对学校体育的各个方面提出了改革的措施。季克异根据《中共中央国务院关于深化教育改革全面推进素质教育的决定》精神，认识和分析了《体育与健康》课程的性质，提到"《体育与健康》课程，试图转变之前课程只重视项目数量、项目整合力度不够的现象，开始强调课程的自由选择性和灵活性，通过学习和掌握各种体育知识和体育技巧，充分展现体育课程的三大功能，即学会生存功能、学会学习功能和学会做人功能。"周晓燕采用问卷调查法和访谈法，较全面地调查了高校体育教师对《学生体质健康标准》目的的理解程度及实施情况等内容。调查表明：教师对实施《学生体质健康标准》的目的是比较明确的，但对其理解和认识还需进一步加深；仪器精确度不高和数据处理是实施中较大的问题。杨文运通过对《学生体质健康标准》与《大学生体育合格标准》进行比较研究，总结了执行《大学生体育合格标准》中暴露出的不足，对《学生体质健康标准》的理论基础和精神实质做了进一步阐述，最后还针对其中的不足提出了改进措施。李冬梅的《关于我国学校体育制度的思考》中指出：目前中小学学生体质不容乐观，究其原因是制度低效的结果。文章以新制度经济学为研究视角，运用文献资料法、个别访谈法等多种研究方法，分析了中小学学校体育制度效能不高的原因，并有针对性地提出了改进措施，在一定程度上有助于学校体育改革的开展。李春晓的《我国学校体育运行的动力机制与激励机制的改革研究》指出：与竞技体育相比，我国学校体育在动力机制与激励机制两方面均处于劣势，这些均为导致其发展滞后的主要原因。学校体育要进一步飞跃发展，还需要借鉴竞技体育运行的某些机制。

总之，以研究者收集本研究有关文献发现：国内外现有各种文献资料主要集中在对学校体育制度以及管理体制的研究，对有关学校体育的体制性障碍的研究不多，针对当前我国学校体育改革与发展过程中面临的体制性障碍与实用性的体制改革研究则更为罕见。由于国内鲜有学校体育改革与发展的体制性障碍研究，足见此研究有待建构。基于以上所述理由，我们应当强化学校体育改革与发展的体制性障碍研究，尤其要推动和落实学校体育改革与发展，更要从体制入手。具体而言，学校体育改革与发展的体制性障碍这个主题值得予以详加探讨，以利于掌握各种影响因素，进而提高学校体育的整体效益和竞争力。

第二节　研究思路与方法

　　本课题是以"学校体育"和"体制性障碍及机制优化"的理念和理论体系为依据，以我国学校体育改革发展为背景，以解决学校体育改革与发展中所面临的体制性障碍问题，主要包括：思想观念障碍、法律法规及政策障碍、政府监督管理障碍、学校体育管理主体及执行障碍，在此基础上探索新理念下学校体育改革所要确立或更新的体制与机制；在发展的基础上构建符合我国实际、适应改革需要和国际发展趋势的中国学校体育改革与发展的新机制。针对目前学校体育改革中存在的体制性障碍，通过调查掌握学校体育改革现状，分析新的改革背景下学校体育的特点与要求，从而探索学校体育适应新状态的体制与机制；得出在新形势下理想的优化的学校体育机制；比较分析存在的差距以及目前学校体育改革中存在的体制性障碍。在学校体育"体制性障碍"和"机制优化"的理念下，改革并构建一个符合我国实际情况的学校体育新机制。具体研究方法包括实地调查法、访谈法、比较研究法、文献法等。本课题将综合运用多种分析方法和手段，其中包括社会学、历史学、教育学研究方法，从不同层次展开多角度研究。

　　本研究的创新之处：第一，较为系统、完整地从学校体育改革的体制和机制角度进行理论、现状和构建研究，一定程度上弥补了这一领域研究的欠缺；第二，通过调研找到目前学校体育改革现状和学校体育教育各个层面存在的体制性障碍；在此基础上提出变革学校体育体制，构建优化的学校体育改革与发展机制并解决突出问题。

第二章　学校体育的脉络研究

所谓"体育"是指具有社会形态的团体组织，为了增进人体完美的发展，而赋予教育于身体运动的教育历程。体育是供给人类的全部教育历程中的一种媒介。因此，体育就是教育，是属于教育的一环，但以大肌肉活动为方式。学校体育应为各级学校提供所实施的体育相关活动和目标。然而，随着社会变迁，学校体育的目标与实施方式也应该随之改变，许多体育学者均对"体育"下过定义，江良规在其《体育学原理新论》一书中，论述"体育是教育，以选择的大肌肉活动为方法，以特有的场地设施为环境，以有机体固有的身心需要为依据，使个人在实践例行中，体格获得完美的发展，行为加以理性的控制，动机能有正常的满足，动作富有和谐的协调，进而扩张经验范围，提高适应能力，改变行为方式，传播固有文化，一方面繁荣生活，一方面发扬生命的意义"。[①] 蔡贞雄则认为"体育教学是根据学生的学习心理、身心特征和需要，安排适当的教学情境，提供合适的教材，运用妥善的教法，在有目的、有组织、有计划的身体活动中，因势利导，循循善诱，以期达到体育的目标，实现整个教育的理想"。[②] 另外，洪嘉文将"学校体育"定义为："各级学校以体育教学和体育活动为核心，透过计划性的身体活动来提升学生体适能与运动技能水准，促其身心全面发展；其目的为养成学生终身运动习惯，增进学生积极参与运动，享受运动的乐趣，进而提高学生生命品质。"[③] 从文献中可得知，体育在教育的意义具有重要的价值，目的在于促进学生身心的发展，以及实现教育理想，最终对人的生命有所贡献，也就是从肢体的发展，到内心世界的成长，最后是生命价值的体验。追踪溯源，古典大学也强调学生从事运动的必要性，例如蔡元培在教育大辞书中对英国大学教育，提到牛津与剑桥两校特别重

---

① 江良规：《体育学原理新论》，北京：商务印书馆，1968 年。
② 蔡贞雄：《体育的理念》，高雄：复文图书出版社，2001 年。
③ 洪嘉文：《我国学校体育政策制定之研究》，台北：台湾师范大学体育研究所博士论文，2003 年。

视体育，学生在求学之外，还需努力于交际和运动，以养成绅士资格的训练；张伯苓为南开大学制定"允公允能"的校训，主张德智体美四育并举①，可见早期大学的教育强调体育的重要性。

体育对于教育的价值有高深的一面，但由于近年来教育政策的松绑，教育的相关法令，也随着教育政策的转变而修改，致使学校体育的组织和教学受到冲击，连带地冲击到体育教师的现实生活，这或许是单纯的体育事件，只影响了体育教师的生存权，但若是将体育对于学生影响的时空拉长，以及对于教育的价值来审视，将体育从教育的历程中拿掉，缺少了体育所供给的养分，培养出的学生将会身体羸弱，心灵干枯。

第一节　学校体育发展的影响因素

学校体育是教育的重要环节，教育的目标与措施，受国家政策、世界潮流、历史传统、文化背景、社会需求等因素影响。学校体育的重要性可从体育的发展和其所蕴含的教育意义来看，依体育的属性和内涵，目前我国体育分为大众体育、竞技体育和学校体育三大主轴。这三大主轴，有其相似与互动的关系，彼此应该发展成有机的互动架构，对国家体育的发展才会有良性的影响，例如学校体育作为培养的基础，帮助学生形成良好的体育素养，这有如金字塔的底层，体育的未来发展就可在此平面上垒上砖块，无论是国家竞技运动的拓展，或是培养运动习惯后对全面体育的提升，都有莫大的促进。全民体育普及与竞技体育提高以后，形成良好的运动风气和环境，这又回到学校体育，家长和学校也对体育同等重视，在这三大主轴的动态影响下，将能有效提升我国体育的发展。

分析体育的内涵，其中以大众体育（Sports for all）的范围最为广泛，涉及对象为全体大众，这是国民体育素养培育的巨大工程，应该给予相当大的关注，因为全民才是主体，如此才符合社会的公平与正义；而竞技体育有赖于大众体育和学校体育的发展，虽然对象是少数精英运动选手，但竞技体育对于全民体育参与有催化作用，吸引民众参与；学校体育可以说是体育的培养温室，校园的环境最单纯、资源较为丰富也最容易推展，除了是大众体育和竞技体育建立的基础外，更重要的是帮助学生个人养成终生从事体育运动习惯的场所，

① 杨东平：《大学精神》，台北：立绪文化，2001 年。

由此可见学校体育的重要性，所具备的教育意义，对于提升学生的运动技能、健康体适能，以作为提高学生生命品质的真正内涵，也是学校体育的重要理念。

学校体育的影响因素离不开特定的政治、社会、文化脉络。目前的学校教育不再如传统学校一样地有其中心的理念、架构于象牙塔内的独立学术机构，而是会随着现实生活的改变而有动态的调整。无论国内外，可以发现体育政策受到政治、经济和社会文化等因素影响，这说明了体育与社会大环境息息相关，体育是置于不断转变历程的环境与时空中。因此，学校体育应该是一个"有机体"，体育的研究者也需要随时掌握此动态关系，才能了解学校体育的转变，整体而言，学校体育发展受国际潮流、政治、经济和社会文化的影响。

体育的发展深受国际潮流的影响，但深入探究体育的内涵，发现古今中外的思想有殊途同归之处，例如中国传统道家思想，把人与自然视为一体，追求顺应自然的人生哲学，让内心与外在的自然环境达成一种和谐，以及西方自然主义，重新调整人与自然的关系，以一元论的观点期待达到"天人合一"的境界，不管运动项目的外在形式与种类是什么，体育强调了身心合一，兼重身体与心灵涵养的崇高理念是相同的。

一、国际潮流因素

中国在 21 世纪的教育发展，大多学习先进国家的教育制度，例如政策制定、学位授予、学校运作以及教学内容等。由此看出教育发展及脉络，深受国际潮流的影响。根据郑振坤所著《中国古代体育思想史纲要》一书中显示，"体育"一词，首次出现在中国文字中，应该是 1897 年由日本所引进。[①] 其原因是甲午战争后，李鸿章主张从日文翻译西方书籍较为便利，因为日本维新运动后，翻译极多西文书籍；张之洞也有同样的主张，认为翻译西书不如翻译东书。大量翻译日书的结果是，许多西洋名词多直接借用日译本中的汉字，甚至内容和方法，也由日本转口而输入中国。[②] 中国体育的发展，就其脉络而言，"体育"一词从日本引进，而近代日本体育则主要源于欧洲及美国。[③] 也就是说，体育从欧美传至日本，又从日本传至中国。中国的体育，受到他国的影响甚大。

---

① 许义雄：《社会变迁与学校体育》，见《运动教育与人文关怀（上）——政策与思想篇》，台北：师大书苑，1988 年。

② 许义雄：《社会变迁与学校体育》，见《运动教育与人文关怀（上）——政策与思想篇》，台北：师大书苑，1988 年。

③ 易剑东：《体育文化》，台北：杨智，1998 年。

从文献中得知，中国的体育观念源于日本，深受日本的影响。造成学校体育的发展深受日本兵式体操的影响，军事化导向的学校体育特质也由此产生，因此，体育被工具性价值所笼罩。

除了日本，中国体育发展也受到了美国的影响。麦克洛伊于 1913—1926 年来中国讲学，并热心规划中国体育的改进事宜，使得自然主义的体育（新体育）思想逐渐形成，影响学校体育教材以自然的身体活动为内容，且为增进运动技能、促进身体发展、提高运动兴趣、养成运动习惯、培养社会行为规范等，使得现代运动、竞技活动与运动会获得大力的提倡。在此背景下，体育政策也融合了美国的体育思想，学校体育纳入了竞技运动，美国新体育思潮所重视的"新体育"（New Physical Education），已然在中国的学校体育中扎根。由此可见，日本、美国的影响，深深融入中国学校体育的发展。

二、政治因素

教育政策难免受到政治的影响，中华人民共和国成立后，由于需要巩固新生政权，一切措施均以国家安全、军事需求作为优先考虑，因此，在体育政策上仍以培养强健体魄的国民为目标，军事化趋向的色彩非常浓厚。国家一旦面临紧张局势，体育即沦为政治的工具。例如，中华人民共和国成立之初，中国面临紧张的局势，学校体育被定位为培养自卫卫国的工具，而忽略其教育的功能，许多中小学运动会开幕式上方队的口号是"锻炼身体，保卫祖国"。直到1986 年第六届全国人民代表大会第四次会议通过《中华人民共和国义务教育法》，政府实施九年义务教育以后，学校体育再度获得重视，为学校体育提供了正常发展的空间。审视学校体育的历史变迁，在建国初期，由于国家出于政治的考虑，学校体育的实施，乃以手段、工具为目标，因而忽略了教育的本质与理念。综上所述，体育政策为适应时局的权变措施，本无可厚非，但是就体育的本质而言，体育在学校中实施，应有其教育上的意义，除了培养学生成为身心健全发展的国民之外，并透过体育来达到追求真理的教育目标。但是近年来教育的发展，商业化趋势的影响，教育已沦为营利的工具，所以，体育的发展，应该避免工具性目标的干扰，沦为政治或经济的附庸，如此才能提升体育的教育功能。

三、经济因素

社会的发展，必须以经济的发展为基础，经济发展的程度自然也影响体育政策的规划与推动。中华人民共和国成立后，因经济条件的限制，无法正常、普遍推展学校体育的发展，直到 20 世纪 80 年代后，中国经济由于改革开放逐渐好转，才为体育提供良好的发展环境。直到 20 世纪 80 年代后，中国经济由于改革开放逐渐好转，才为体育提供良好的发展环境。进入 21 世纪以后，中国经济发展更为成熟，国民在有钱有闲之后，坐式的生活状态造成体质逐渐下降，政府必须在学校体育政策上有所改变，于是各种提升学生体质的策略纷纷提出，健康体质的提升成为目前体育的重要目标之一。

近年来，教育政策的宽松、学校的普设造成了教育经费的稀释，尤其是大学，为了能够增加产学合作的机会，学校与产业的联系更加紧密，产学界的配合，得以推动社会的进步，自然地影响了各系部及课程的消长。目前，各高校新设系部或是更名者不在少数，主要以就业和招生为考虑。培养学生的就业能力无可厚非，但学校并不是职业训练所，过度强调就业造成与就业无关的系部与课程逐渐萎缩，在此趋势下，体育难逃被缩减的命运。然而，学校的普设，解决了学生的升学压力，却也稀释了教育经费，各级学校在预算短缺的情况下，开始思考可以删减预算的部门、师资甚至课程。由于预算有限，教育主管部门若是遇到一些财务分配的缩减考量，自然而然便会朝向弱势项目来删减，如学校体育课程等。体育在此潮流下，遭逢改变的命运，成为可有可无的课程。可见，经济变迁是影响学校体育的重要因素。

四、社会文化因素

文化对于体育的发展，影响巨大，东方社会以文为主，这是阻碍体育发展的主要因素；西方社会将体育融合于生活之中，把参与或是观赏体育视为重要的一环，这种文化的差异，直接影响了东西方体育的发展。若想振兴国人体育，首先需要从家庭教育做起，脱离二元对立的观念，文与武融合，将体育当作生活的一部分，并且要去除工具化的思维，体育就是体育，不要与升学或是奖金结合，否则将失去主体性，沦为升学或是金钱的附庸。

经济高度发展使得国民生活水准日益提升，生活品质大幅改善，国家也在国际经济社会中占有一席之地。这些结果加上节假日制度的实施，导致国民有钱有闲，活动量降低，造成国民健康体能水准下降，这些社会现象，将影响国家相关部门体育政策的规划，例如 1995 年实施的《全民健身计划纲要》，即将体育的目标放在强化健全体魄与推动健康促进等方面。体育的政策，配合着社会或国家发展而制定。近年来，随着休闲社会的来临，学校体育也朝向休闲化发展，以休闲运动充实生活的需求日渐增加。为了让学生喜欢上体育课，趣味化的教学方法，多元的课程内容应运而生。体育课程的转变是为了符合社会趋势，吸引学生参与以及培养学生运动习惯，而国家在体育政策的拟定有其理想目标，也对体育实施督导制度，但实际上因文化、价值观等因素，使得学校体育始终是心有余而力不足。体育教师需肩负起体育教育之责，从学校体育政策的制定，到实际的体育教学、体育活动、体育研究等，是体育教师目前所必须正视的课题。

五、人口因素

因为人持续发展这个概念，就是把人看作一个在学习社会化，能不断地学习、终身学习、实现持续化发展的过程，因此，创造终身学习的环境，建立学习型的社会是目前教育的潮流及趋势。而教育应该是发展学生个性和创造性的活动，突破以往教育活动中扼杀学生创造性和个性的状况。20 世纪以来因为知识化、网络化、经济全球化、贸易自由化已经改变了国家竞争的标准及规则，而这当中的"人力资源"是重要的竞争项目之一，因此如何培育出优秀的人才是各国重要的目标。

1977 年我国开始执行独生子女政策，这些独生子女于 80 年代先后进入学校学习，数不清的中国家庭开始了升学率的争夺，因为他们不愿意在贫富差距逐渐加大的形势下沦为社会的最底层，也正是因为如此，中国家庭极为迫切地希望占有更多优质教育资源。商家为了获取更大的经济收益，提出了一些有助于实现自己利益的口号，于是乎，教育开始"变味"。随着 90 年代的到来，中国出现了"失独"这一新的人口现象，而且通过分析人的死亡年龄规律以及人口统计数据可知，陷入这一困境的中国家庭数量将会达到 2000 万。越来越多的家庭开始高度关注独生子女安全问题，但由于过于保护独生子女，导致家长与学校之间的法律纠纷事件层出不穷，而学校负责人为了减少与家长之间的法律纠纷事件，决定减少学校开展的体育项目数量，即使这些体育项目的健身价值很高。20 世纪 70 年代，我国电子行业开始发展，很多家庭在 80 年代以后拥有了自己的电子产品，如游戏机、电视机、数码相机、电视机等，这些电子更新换代速度很快，而青少年对它们的依赖程度也在不断加深。特别是电子游戏行业的飞速发展，导致更多的青少年儿童沉迷于此，越来越不爱参加体育活动。

第二节　学校体育的理念

学校的理念在于传道授业解惑，但是，体育的理念是什么？解答这个问题需要明确的探讨。于我国体育的发展，许义雄对认为民国时期的体育文化，先是模仿德、日系统，继而以英美系统为体育改革的核心，造成体育主张的摇摆不定，导致体育概念的纠缠不清，难怪体育界有识之士批评当时的体育"往往学了西国皮毛"，对体育缺乏"详细的研究"。[1] 缺乏对于体育本质的认识，是造成体育事业停滞不前的主要原因。在学校中，体育教师每天担任体育课教学，年复一年，日复一日，但对于体育的理念，是否曾经思考？如果不明确概念，将无法落实到教学行动中。对于学校体育理念的分析，应从学校的理念与体育的理念两部分来分别探讨，这样才能对学校体育理念有完整的概念，因为学校教育有其理想性，而体育的价值又有其实用性，体育存在于学校，因此，将两者的理念深入探究，才能从中厘清学校体育理念的全貌。

体育对于人的教育意义深远，教学内容涵盖技能、情意与认知等方面，因此，体育对于学生的影响是全面性的。学者江良规曾提出，国人对于体育的价值，迄今仍未能以精准评估，再以体育专业人员缺乏修养，对于体育真理，无法为之发扬光大，以致多数国人仍不免在游戏、运动、国术、体操和体育等名词中打转。[2]因此，为能够让体育在逐渐式微的时代洪流下，再现其价值型，有必要深入探讨学校体育的理念，以免似是而非的概念，给人体育只是低俗的肢体活动的肤浅印象，更阻碍了体育的发展。

体育的理念，首先要追溯到中世纪斯宾塞提出"什么知识最有价值？"的问题。对于体育知识的价值，当时体育工作者在反映这个问题的看法，分别是：以科学研究为导向来增进体适能和运动技巧[3]、强调基本运动技巧的重要性[4]以及与健康相关的体适能为基础，让学生养成终身运动的习惯[5]。学者江良规提到，首创"体育"一词的麦拉伦，在其《体育的体系》（*A System of Physical Education*）一书中，为体育下了一些定义：（1）健康较体力更为重要；（2）身体活动是消除紧张、疲劳、焦急不安的解毒剂；（3）一般娱乐活动不足以适应成长中青少年儿童的需要；（4）身体活动是理想的生长发展所

① 许义雄：《社会变迁与学校体育》，见《运动教育与人文关怀（上）——政策与思想篇》，台北：师大书苑，1988 年。

② 江良规：《体育学原理新论》，北京：商务印书馆，1968 年。

③ Newell, K. M., "Physical activity, Knowledge types and degree programs", Quest, 42,（1990）：243-268.

④ Siedentop, D., Undergraduate teacher preparation, IN C. B. Corbin & H. M. Eckert（Eds），The evolving undergraduate major：28-34, American academy of physical education papers, 23, Champaign, I. L.：Human Kinetics, 1990.

⑤ 蔡欣延：《体育教师课程价值取向形成历程之研究》，桃园县：台湾体育大学（桃园）体育研究所博士论文，2006 年。

不可或缺的刺激；（5）身体训练与心智训练不可分割；（6）一切健身训练都必须遵守循序渐进原则；（7）身体活动的运动量必须配合个人的身体状况；（8）各级学校必须将体育纳入课程体系之内；（9）体育的推行应有良好的组织和管理，以充分发挥体育的功能。①从当时对体育的定义可以看出，体育的价值着重于体适能的促进、运动技巧的培养以及养成终身运动的习惯，其中，麦拉伦则有较高的理想，提到身心合一的理念，兼重身体与心灵的涵养。

国外学者安娜里奥·考威尔与黑兹尔顿分析过去和现在体育课程理论指出，一个好的体育课程，必须具备以下八项特征：一是作为完整学校教育的一环；二是要提供完整平衡的经验，以促进青少年儿童的身体、认知、技能和情意四个方面的成长与发展；三是要基于学生的兴趣爱好、内在需求和现有能力水平；四是要密切联系学生生活，符合学生的身心发展状况；五是要考虑到所居住社区实际情况；六是要通过充分的设备、时间分配、领导和鼓励，提供广泛的活动给学生；七是要有好的课程指引；八是要考虑到教师的专业成长和福祉②。由此可见，课程理论要关照学生、教师与社区环境等三方面，并要考虑完善的设施，最终达到教育的目的。

江良规对于体育的内容提到，体育是以经过选择和组织的身体活动作为教育的方法，其内容不能脱离游戏、打球、田径、游泳、舞蹈等运动，这些运动不是无意识的反射动作，也不是漫无目的和组织的乱动③。也就是说，没有经过选择和严密组织的运动项目，不能纳入体育系统，体育领域的运动项目必须使参加运动的人达到教育的目标，例如促进身心健康，品格修养，意志力的提升，等等。因此，体育课并非如外界所认为的只是身体动一动或是流流汗而已，重要的是体育课仍包含所赋予的教育意义。体育课除了运动促进健康之外，体育的理念才是重要的价值。

许义雄指出，各主要国家学校体育的改革的目标除了部分国家强调爱国主义及竞技运动能力外，约有几个共同特点：一是重视学生体能、健康，亦即身体的全面发展；二是强调运动乐趣、运动技能及安全教育；三是注重个性发展及社会行为的养成；四是掌握体育运动知识、养成锻炼身体的习惯，建立终身运动基础。所列的目标，均含有认知、技能及情意三大目标④。其中提到面对

---

① 江良规：《体育学原理新论》，北京：商务印书馆，1968 年。

② Annario, A. A., Cowell, C. C., & Hazelton, H. W. Curriculum theory and design in physical education (second edition) (Prospect Height, Illinois: Waveland Press, 1980).

③ 江良规：《体育学原理新论》，北京：商务印书馆，1968 年。

④ 许义雄：《社会变迁与学校体育》，《运动教育与人文关怀（上）——政策与思想篇》，台北：师大书苑，1988 年。

国际学校体育改革趋势，以及社会变迁所隐藏的问题，思考学校体育的出路应为：（1）体育运动应有人性关怀；（2）促进学生健康体适能；（3）提倡动作教育，体育应兼顾身体、心理、精神的涵养；（4）乐趣化体育教学，使学生喜好运动，养成运动习惯①。由此可见，体育应思考深层的理念，才能提升体育的价值。

　　学者蔡贞雄在其《体育之理念》书中指出课程与教学的理念包括人性化、弹性化、乐趣化、基础化、生活化、个别化、统整性及创造性等八项②。此理念说明了学生的多样性，需要根据学生能力提供合适其发展的内容，与生活的结合来保持一种与社会之间健康互动的"互为主体性"关系，最终是培养学生拥有统整性的概念，能够成为"整全性"（holistic）理想的大学生。

　　苏彦仁对于新体育的探讨，提出新体育的理念不仅是为了要让身体各机能达到协调，而且其重点在于使身体、心灵和精神等各方面都能够调和。提到古立克（Luther Halsey Gulick）的体育理念，认为体育的重要性不仅在于可以达到智慧、精神以及人格上的完美一致，而且在于身体本身是自我所不可或缺的一部分③。此理念与学校理念相契合，如果体育能够达到身体与心灵兼修，体育的价值则能稳固存在于学校中。

　　洪嘉文归纳学者的研究提出学校体育理念为：培养学生终身运动习惯、落实学生运动权利、促进学生身心健康、以学生为教学的核心、体育导向由精英化走向普及化、体育目标由局部走向全面、体育体系由封闭走向开放、体育取向应注重学生基本运动能力养成、学校体育应视为国内运动产业的基础、学校体育应作为竞技运动与全民运动的桥梁等十项④。此理念有其实际层面的意义，归纳重点为学校体育应为体育运动相关领域的基础，以培养学生运动的技能和习惯，以及促进学生的健康体适能为目标。而体育目标由局部走向全面、体育体系由封闭系统走向开放系统，如此一来，将扩大体育的内涵，现实体育应有更宏观的视野。

　　石明宗提到，喝茶有"茶道"、武剑有"剑道"，射艺中自然有"禅道"。甚至庄子寓言故事养生主篇里的"庖丁解牛"，庖丁的解牛是一种"道"而不

　　① 许义雄：《社会变迁与学校体育》，《运动教育与人文关怀（上）——政策与思想篇》，台北：师大书苑，1988年。

　　② 蔡贞雄：《体育的理念》，高雄：高雄图书出版社，2001年。

　　③ 苏彦仁：《二十世纪初美国新体育（New Physical Education）理论的形成与初期发展之研究——以学校体育为中心》，台北：台湾师范大学体育研究所硕士论文，2001年。

　　④ 洪嘉文：《我国学校体育政策制定之研究》，台北：台湾师范大学体育研究所博士论文，2003年。

是 "技"。既然有 "茶道" "剑道"，那么 "运动世界" 里存在着 "道" 也就不足为奇了①。所以，体育的经验，应该是有其崇高的一个层次，体育教师若能带领学生体验此种经验，将对体育价值的提升，有相当大的帮助。

陈春莲归纳体育的目的是促进身体发展、运动技巧的提升、增进健康、提升认知思考能力、享受休闲运动乐趣、包含适宜的价值体系与社会行为等方面。也认为体育并非以身体或运动技能为唯一发展目标，对个体的涵养是全面的，建立并提升学生的体育素养是体育教学的理想②。

许立宏提到身体教育课程（体育课）在学校教育中扮演非常重要的角色，因为儿童的活动经验，一直与智能、情绪、美感、社会、身体及动作发展有直接关系③。体育在人成长过程中扮演重要角色，学生经由体育的参与，能在身体与心理上得到平衡，并促进社会性的发展，重要的是在理想层面中，智能上有所提升以及获得了美感经验，此为体育课的价值。

一、学校体育在于提升学生的运动技能

基本的运动能力，如跑、跳、投、游、击、走等，是日常生活所必须具备的运动能力，这些能力也是各项运动的基础，在中小学阶段则需要强调学童的基本运动能力。随着年龄与生理的发展，基本能力逐渐具备，大学的体育则是在基本能力之上培养学生的运动技能。一般而言，体育课的功能在于提供广泛的身体活动，使身体习得基本运动技能，体育课的主要任务是技能教学。蔡贞雄认为，运动能力的发展为教育基本目标之一。国外学者也认为，动作技能的学习，包括运动技巧与策略，是体育最重要的目的④。因此，运动技能的学习，应是体育教学的任务，动作技巧和谐，除了姿势优美避免受伤外，也是追求运动表现的重要因素。学生上体育课，也希望习得运动技能，从技能学习中获得成就感，借以做为终身运动习惯的基础。

体育课是借由身体活动来达到教育的目的，学校教育中也唯有体育课是能够实际促进学生健康的课程，也唯有体育课才能促进动作技能的发展。虽然体育课目的是培养动作技能，但也不能为了提升运动技能，过度地强调反复练

---

① 石明宗：《山难经验：一个运动与宗教观点的考察》，台北：台湾师范大学体育研究所博士论文，2005 年。

② 陈春莲：《体育教学的反省与实践》，台北：师大书苑，2004 年。

③ 许立宏：《运动哲学教育》，台北：冠学文化，2005 年。

④ Bain, L. L., "Socialization into the role of participants: Physical education's ultimate goal", Journal of Physical Education and Recreation, 51. 7, (1980): 48-50.; Corroll, V. A., The physical fitness objective in physical education, 1981. (ERIC Document Reproduction Service No. ED: 220439).

习，而将原本欢愉的体育场变成冰冷的工作场所①。如此将降低体育的价值，技能的学习虽是体育教学的重要内容，也是运动参与的基础，但是身心合一的理念，经由运动过程的体验，达到心智和心灵的融合，才是真正达到学校体育理念的教育目标。

二、学校体育在于促进学生的健康体适能

以体育来促进学生健康，几乎是所有体育学者一致公认的价值。但是在中国传统士大夫观念下，普遍不重视体育的观念，已经造成学生体适能低弱，影响国人健康水平，若能借由体育的实施，提升学生健康体适能，将对教育带来莫大的贡献。我国的学校教育太偏重智育方面，以致把其他方面都忽视了，结果虽然智力发达，然而体质羸弱，形同病夫，因体质亏损以致学成而不能用，由此可见学校体育对于教育的价值。为解决我国学生体质下降问题，相关部门不断完善和落实各项政策措施，广泛开展阳光体育活动，有力推进学校体育改革发展。但总体上看，学校体育仍是教育工作中的薄弱环节，学校体育未能得到足够重视，评价机制不够完善，体育教师短缺，场地设施缺乏，影响和制约了学生体质健康水平的提升。在欧美国家学生都有运动的习惯，但是我国的学生却相对不习惯运动，因此，身体变得单薄，常闹病痛。然而，健康包括身体、心理与社会三个方面，并非只是单纯地参与运动即可达成。多参加体育活动可提高健康体适能，因此，体育课必须提供充足的运动，并配合于活动中融入情意的陶冶，才能达到促进学生健康的目标。

三、学校体育在于培养学生适应现代生活的能力

实际生活中，学生走出校园，必须面对现实的社会，如果学校将学生从社会中抽离，必然无法培养出适应社会的知识分子。另外学者对于体育的看法，认为体育体系应由封闭系统走向开放系统，学校体育应视为运动产业的基础与作为社会体育的桥梁②，以及认为学校体育的理念应为生活化③，等等。这些论述说明了学校与社会的关系，人无法离群索居，现实生活的种种问题仍然要面对，学校体育应该作为与社会联结的媒介，让学生能够适应社会，并能察觉社会的种种问题，进而改造社会。体育活动所提供的情境，也是一种社会情境

---

① 刘一民：《运动哲学新论》，台北：师大书苑，2005 年。
② 洪嘉文：《我国学校体育政策制定之研究》，台北：台湾师范大学体育研究所博士论文，2003年，第71-74。
③ 蔡贞雄：《体育的理念》，高雄：高雄复文图书出版社，2001 年。

的缩影。虽然学生也可以在其他学科中学得社会技巧，但体育课所学习到的团队合作、运动精神、挑战自我、建立自信等特性，是培养社会技能的最佳环境[1]。这些社会技能，更是目前学生进入社会所必须具备的能力，因此，学校体育在培养学生适应现代生活能力中扮演着重要的角色。

四、学校体育在于培养学生终身运动的习惯

学校体育是社会体育的基础，因此，对于培养学生终身运动习惯有其重要地位。虽然终身运动表面上只是身体的活动而已，但透过运动习惯的养成，除了促进身体健康，对营造健康的社会有贡献外，更重要的是能让学生在未来生活中，体现出生活的哲学，涵养出丰富的生命。有慢跑习惯的日本作家村上春树，在其《关于跑步——我说的其实是……》这本书中，谈到其跑步习惯是对于自我反思的历程，其认为，跑步或许不只是让身体健康，但重要的是，有些事只要每天持续着，均能达到关照生活的目的[2]，运动的价值在于亲身体验，并从中关照自己的生命，但是要达到此境界，则需要长时间的参与运动，刚开始可能是为了某些目的，待经验丰富后，经由运动过程的诠释循环，才能体会"运动之道"。

球场应该是快乐的场所，体育课应该是能够乐在其中的课程，更能够让学生喜欢运动，热爱运动，先决条件是学生在运动中能够体验到乐趣。学者蔡贞雄认为学校体育的理念为人性化、弹性化、乐趣化、生活化、个别化等[3]，这些都是引发学生参与运动的动机，吸引学生运动的因素，无论是来自单纯的流汗所带来的舒畅，或是运动时所产生的乐趣，还是不断地在技能上求得自我实现，甚至是在运动中经常达到忘我的自由，等等，这些原因足以吸引学生参与，让体育从一种具有约束力的课程、不得不做的学习，进而内化成自己想要做的事，如此就能加倍认真与投入，自然而然变成生活的一部分，达到终身运动习惯的目标。

五、学校体育在于形塑学生整全性（holistic）的学习观

对于学校体育在运动技能学习部分，如果只重视技能训练，培养运动选手，重视追求健康与名利等功利取向，却少了追求"整全性"（holistic）涵养的企图，除了体育课变得有目的性，参与运动的学生是痛苦的，也不符合学校

---

① 陈春莲：《体育教学的反省与实践》，台北：师大书苑，2004 年。
② 村上春树：《关于跑步——我说的其实是……》（赖明珠译），台北：时报文化，2008 年。
③ 蔡贞雄：《体育的理念》，高雄：高雄复文图书出版社，2001 年。

教育的理念。人是一个有机体，也应追求有机的思维，从事学校体育教学的教师，必须重新理解学校体育的理念，矫正短视近利的观点才能导正真正的学校体育教育。求真不能视之为追求知识的"实用"而已，学校体育不应只有实用性或是工具性的价值。克雷奇马尔（Kretchmar）主张，体育应该采博雅取向，涵养并对个体形成全面性影响①。由此我们建议，推行学校体育改革，体育教师在实际面对体育教学时，应脱离实用世界而从内在价值出发，以技能为主的体育课，其最终目标，是在为学生们铺陈良好的生活品质作准备，使学生能自在优游于运动或肌肉世界里，培养身体自我表达的能力，融入人类群体游戏与运动文化中，并蓄积与耕耘学生们每个人各自的运动经历、事迹、历史与故事②。此外，雅斯贝斯（Jaspers）认为除了单纯的事实和技巧传授之外，教学和科学研究还应该有更多的追求。终极的目标应该是塑造整全的人（The whole man），实现一种最宽范意义上的教育③。程瑞福认为体育的目标在于培养学生厚实的运动知识，养成正向的运动态度与良好的运动习惯，发展正确且扎实的运动技能与爱好运动的乐趣，从规律的运动中，体验运动的精神与道德，在享受愉悦生命的同时，成就一位"全人"④。因此，作为全人教育的体育，自然不能离开人的关怀。西方自然主义与身体教育，均强调身心并重的身体教育观，遵循自然环境与身体教育，此思想的目的亦在培养"全人"教育⑤。综合以上学者的说法，学校教育中的任何科目，应该能够达到此一目标，不能单从工具性价值来进行教学，例如运动可获取健康或是符合未来工作的需求等，而是应从具有更高内在价值的教学，从体验运动带来的意涵，真正去享受运动，才是体育教学的理念，而学校教育也应脱离商业化的束缚，德智体美劳的全人教育才符合学校应有的价值。

六、学校体育在于培养学生成为知识分子

长期以来，对于体育的理念仍停留在技能以及健康的层面，因其外显的特

① Kretchmar, R. S., "Toward a stronger position for physical education in higher education: Three recommendations", Quest, 40. 1, (1988): 47-55.
② 刘一民：《运动哲学新论》，台北：师大书苑，2005年。
③ Karl Jaspers (2007)：大学之理念（邱立波译），上海：上海世纪出版社（原著于1959年出版），2007年。
④ 程瑞福：《体育理念与实践导读》，载于台北教育部（编）《德智体群美五育理念与实践》，2007年。
⑤ 王建台：《自然主义与身体教育》，《运动教育与人为关怀（上）——政策与思想篇》，1988年。

性，让人忽略了体育的内在价值。体育存在于学校教育，则需符合学校的理念，体育是透过肢体的活动，不过，体育的价值却不只身体层面而已，还有更高层次的意义，体育与学校理念的融合，提升体育对学生的教育意义。学校体育的理念，应该有知识性的活动，透过身体活动过程中的思与学，思考身体的哲学，运动的现象、经验与意像，并透过思考与批判，将形塑学生成为健全的学生。

有的学者认为发展高层次思考是体育的基本目的①，心智发展追求有关知识的累积、思考和解释能力的养成，人类追求知识的历程，先是学习，然后加以思考、理解、应用、分析、融会、贯通，从而产生新思想和新理论。而运动技能也需要经过学习的历程，先从对动作的认知，经由练习而到纯熟，因此，初期经过思考而发生的动作，也就是知识，之后从身体活动经验所得到的技巧，也可转变为知识②。对于技能的了解，以及思索合理的学习方法，都必须运用认知能力，在运动过程中，也同样会发生问题，进而也必须思索解决的方法，这些都是提升知识的学习。或许大部分的人都停留于运动是四肢发达头脑简单的概念，殊不知运动的过程是不断的学习与诠释的历程。

思考能力在个人的生活中，有其重要性，透过体育来培养学生的思考能力。以往学生只遵循教师的命令来学习，欠缺思考能力，即使学生学得这项技能，但却未经过思考，无法提升学生智慧。应该在体育学习中，透过思考的运作处理所遭遇的问题，而并不是只靠"土法炼钢"的方式来学习，从而提升学生高层次思考的能力。因此，在学校知识的殿堂中，体育必须肩负起培养"绅士"和"知识分子"的责任，体育的目的离不开身体，身体是人类生命所系，透过身体发展心智和思考的能力，是体育教学的目标。

七、学校体育在于提升学生的心灵涵养

体育是一种体验，而运动经验是人生命里最具体、深刻印象的一部分，代表人类追求卓越、美感、存有以及真理的活跃生命力③。因此，体育不应只是单纯的身体活动而已，是随着身体律动逐渐进入内心诠释的循环，让体育课拥有丰厚的内在涵养。借由体育课的运动实践，刚开始是从身体的感受出发，但随着教师的引导与学生的体验，逐渐提升到心灵的层次，让学生得以从中体会

---

① Daniel, M. F., & Bergman-Drewe, S., "Higher-thinking, philosophy, and teacher education in physical education", Quest, 50. 1, (1988): 33-58.

② 蔡贞雄:《体育的理念》，高雄：高雄复文图书出版社，2001年。

③ 刘一民:《运动哲学新论》，台北：师大书苑，2005年。

人生的价值与人生的真谛。

学者林东泰提到，希腊人不仅爱好体育活动，也爱好观赏体育竞赛，像柏拉图大力提倡要让三至六岁儿童在大自然的情境下游戏，等到年龄稍长，舞蹈、体育和音乐就成为主要的活动项目，人们都必须借由亲身参与，才能维持身心健康和心灵愉悦；而亚里士多德也认为心灵和身体是统一的，除了可以透过音乐和哲学讨论来涵养心灵，同时也与体育运动可以相得益彰①。从以上论述得知，体育对于个人内心涵养的重要，不只有促进身体健康，更是心灵成长、自我满足的重要基石。

自然主义者相信人本自然、本性的自然，可以视为真、善、美的准绳，对于美艺的培养、美学的涵养应该是体育的重要理念之一。美学大师蒋勋在其《身体美学》一书中，提到运动中的美学，除了运动让身体肌肉俊美外，在运动中能展现出极致的身体之美。黄芳进以运动的"艺术体验"（experience of art）来形容运动的美学，并提到运动的含义与令人流连忘返的经验，有赖运动美学内涵的研究。这些内容包含运动之美、运动的审美经验、运动与艺术的关系、运动者犹如艺术家、运动不是艺术以及运动即艺术等议题。② 我们期待能够经由体育的实施，培养学生在欣赏运动时，从看到选手优美有力的肢体线条以及优秀的技巧表现等狭义的美学概念，进入以审美意义去欣赏与面对运动竞赛，产生运动审美区分下的美，而无论是运动参与或是运动欣赏者，运动过程中淋漓尽致的表现，一种浑然忘我的完美动作，就如同《庖丁解牛》的寓言故事，将肢体的动作转化为美丽的表演。一个屠夫在君王面前，配合音乐的节奏，伴随着舞蹈的动作，在没有流血、没有痛苦的情景下，完成了妙合化技、合于艺道的"解牛"演出，技近乎道，是一种追求自我生命和普遍生命的相融，运动时也是如此，需让学生参与运动，体会或是欣赏到肢体与生命融合的表现，是一种美感教育的体验。美的概念带有自由和无限，由于这种自由和无限，让人体验到心灵的自由，也能够从庸俗的生活、工具性的价值观中得到解放。

"日出而做、日落而息"是中国道家顺应自然的生活理念。西方人文主义学者也认为，人生而平等自由，人类的一切作为均应遵循自然。人除了在身体方面成长，同时心智方面也随之成熟，达到生理、心理、社会以及心灵间的和谐发展。因此，学校的教育应该是培养学生拥有追求真理的理念，而非只是单

---

① 林东泰：《休闲教育与其宣导策略之研》，台北：师大书苑，1997年。

② 黄芳进：《运动美学诠释——高达美的艺术理论与运动世界之对话》，台北：台湾师范大学体育研究所博士论文，2006年。

纯肢体上的、技术上的学习，学校的体育教育，也应能够让学生领悟到"真、善、美"，达到个人整体"身、心、灵"的发展，如此方能丰厚学生的生命经验。

第三节　学校体育的定位

贾馥茗提到教育的普及，应以德智体群美五育为宗，体育与其他教学应占同等重要的地位，使身体与心灵的发展平衡，才算真正健康，因此学校体育应该是一项重要的教育活动。体育虽然是以游戏和运动为方式，但本质是教育的。① Physical Education Association of the United Kingdom（1994）的定义，体育是有目的的身体活动，一般是在教育脉络中进行，以发展运动能力，促进身体发展，使参与者能知道并正视体育的价值。因此，体育是教育，体育在学校教育中，不仅是一种教育的理念，也是一门教学的科目。

学校体育发展的历史脉络，在中国周朝，学校里教学内容为礼、乐、射、御、书、数，其中射与御是体育的一环，认为透过体育的学习，是涵养人生的重要方式。② 另外，《论语·述而篇》的"游艺"，内文记载："子曰：志于道，据于德，依于仁，游于艺。"孔子所说的"游于艺"，是儒家精神重要的象征，人民如果能培养生活所需的艺能，并且能悠游于这些艺能当中，才可以涵养生命高尚的情操。"游艺"所指的是对于琴、棋、书、画的学习，观看各项技艺表演，或是参与骑射、投壶、捶丸、秋千、拔河等各项活动，虽然所参与的方式不同，但最后追求精神的愉悦，心灵的充实与饱满的境界目的是一致的。③ 对照于西方，古希腊时代，斯巴达、雅典更是对体育有极大的重视，儿童在七八岁入学，身体活动与锻炼是学校课程中重要的一环。④ 体育对于人的意义，有其教育层面的价值。而体育通过课程的设计，可以达到体育的目标和功能，如身体的发展、培养社会行为规范、增进运动技能、丰富休闲生活、实现自我等。从体育的发展源流，发现从古至今，希望透过体育的实施，达到身体的健康并最终达到实现自我的目标。

---

① 江良规：《体育学原理新论》，北京：商务印书馆，1968 年。

② 周宏室主编：《运动教育学》，台北：师大书苑，2002 年。

③ 陈正平：《唐诗所见游艺休闲活动之研究》，台中：东海大学中国文学研究所博士论文，2006 年。

④ 周宏室主编：《运动教育学》，台北：师大书苑，2002 年。

现实的情况改变了体育的理念，因为时代背景的不同，而有不同的目标取向，其随着时空背景以及人类文明的发展，而肩负不同的任务。体育教育从过去的兵式体操、矫正体操，到动作教育、健康体适能、运动教育以及身体的文化，反映出人们体育的需求与价值取向。根据研究指出，学校体育因政治社会等因素而有不同的价值，而我国近代学校体育的演进，体育从工具性的强兵强国定位，已经逐渐走向教育本质的体育，对于体育的发展有正面的意义。另外，曾瑞成认为学校体育经历了三大主要导向，即军事化、竞技化以及教育化等，这三大导向有其形成的历史脉络与目的，在多元化、强调自由与尊重生命的新世纪，体育于学校中的实施，理应符合教育的理念。① 学校体育如何担负教育所托付的任务，是一个严肃并深具意义的课题。虽然学校体育难免受到相关因素的影响，但基本上仍不能偏离教育化的导向，否则将失去了教育的意义，失去了教育的体育，成为政治与商业的工具，丧失了主体性，成为其他的附庸。要理解体育的定位，需先从体育的哲学观来探究，来一窥其完整的面貌：

一、体育的哲学观

哈里森（Harrison）和布莱克莫尔（Blakemore）指出在 20 世纪中，有三个哲学观影响体育的方向，依次为：体育是身体的锻炼（Education of Physical）、体育是透过身体的教育（Education through Physical）、体育是身体教育（Education in Physical）②。透过这三种体育的哲学观的理解，有助于对学校体育的定位。然而，需要先对"体育"与"运动"的关系做说明，因为这两个名词经常被混合使用。山口寿幸对这两个名词做了深入探讨，认为"体育是身体教育"，就是以"身体"为形容词的"教育"，说明教育的条件必须具备教师与学生的教学关系，而且需要目标和教材，运动是体育教材的一环，体育是以运动、舞蹈及体操等作为教材的教育。其对学校体育的概念提出一个结论，认为以后在学校会没有"体育课"这个名词，因为德国已经将体育称呼为运动教育，而且以"运动课"为运动教育，可以让"运动"的独立价值以文化的概念呈现，成为日后人类必备的文化涵养之一。将"体育课"改成"运动课"或"舞蹈课"时，运动或舞蹈也会和音乐或美术一样，成为大家认识的文化之一，因为在中国台湾或是日本，没有看过与使用"体育（身体教

---

① 曾瑞成：《我国学校体育政策研究（1949～1997）》，台北：台湾师范大学体育研究所，1999 年。

② 周宏室主编：《运动教育学》，台北：师大书苑，2002 年。

育）"一样名词概念的音育（音乐教育）或数育（数学教育）等，反而是直接以其外显的名词当成课程的名称，如音乐是"音乐课"，数学是"数学课"，所以"体育"应该是"运动课"或"舞蹈课"。

我们认为，是否可以"运动课"来取代"体育课"，其实并不妥当，如果是单纯的将体育看成是运动课，其教育的意义则不存在，之所以要称为体育，因为"育"有其价值性，避免工具化价值观的影响，而以"运动课"或是"舞蹈课"称之，则难免贬低了学习层面的价值，认为体育课只是运动或是跳舞。虽然直接使用"运动"一词有其独立价值，但实际上，学校体育兼具教育的价值，体育是借由运动、舞蹈或是其他活动的体验，来涵养身体、心理以及心灵。

（一）身体的锻炼（Education of Physical）

美国早期倡导体育的重要领导人物多是受过医学训练的学生，当时的体育受到重视的原因是适逢第一、第二次世界大战，体育重视身体的体适能，体育课程的内容以体操和柔软体操为主。体适能被体育学者所强调，且认为所有的教育形式都可以发展人的心灵和精神，唯有体育可以发达人的身体。而这些论述，透过体育，除了可以促进心灵的成长外，而且是锻炼身体的唯一方法。当时的体育，有其时代的背景，为了促进其健康的体魄来富国强种，属于工具性的价值，缺乏了理想性，尽管如此，身体却是人类所有的基础，不能因过度在意心智的发展，而贬抑了身体。促进身体的健康有其重要性和必要性，拥有健康的身体，生命与心灵也才得以发展，否则，薄弱的身体，常遭病痛侵袭之苦，何以进行有意义的思考与学习，心灵与精神也无法得到发展。

（二）透过身体的教育（Education through Physical）

透过身体的教育以古立克、伍德、赫斯林顿、威廉姆斯等四人推展"新体育"思想最具代表性。他们均主张新体育的目的不仅是身体本身的锻炼，而应扩及培养全面发展的人，即通过身体活动或运动来进行教育。新体育的教学内容以竞技体育为主，因为它不仅有益于身体，且能培养品质、能力、性格与智慧，集中了各种运动的价值，对儿童的全面发展有重要作用。此时的体育是作为全人教育（The whole man）的手段，体育是为达教育的目的而存在。此哲学观的概念，认为透过体育活动达到人的整全性教育，也就是说，借由体育的实施，让人经由身体来学习，在运动的过程与实际的操作下，人得到的经验是极为珍贵，身体是媒介，带领参与者进入教育的场域，让人的身、心、灵得以受到教化，甚至达到追求理想的境界。

（三）体育是身体教育（Education in Physical）

今天的社会，生活的品质成为人们追求的目标，健康和幸福成为生活不可或缺的重要条件，如何让你的身体保持健康和舒畅，便是身体教育（Education in Physical）的重要目的，它是"透过身体的教育（Education through Physical）"的延伸，体育教师便成为促进学生拥有正确的健康观和良好体适能的重要人物，他们也教学生运动技能、运动精神和知识，体育教师成为学生迈向健康之道的被咨询者，他们必须告诉学生照顾身体和维持健康的知识，而体育是身体教育（Education in Physical）的观念，现在已被大部分学生接受。

上述对于体育的哲学观点可看出，早期由于有其工具性的目标，体育强调于身体层面的功能，想借由锻炼来提升强健的体魄。渐渐地，除了在身体的层次外，人们开始注重教育的价值，以及了解体育所受哲学观念影响的脉络，体育应该是身体的教育。学者江良规提到体育是运动的教育，并不限于身体锻炼，它以各种方式的身体活动为方法或手段，来完成教育的目的。[1] 体育成为目的化的身体活动，列入教育的范畴，成为教育的重要课程，负有教育的主要功能，促使学校教育趋于德智体美均衡的发展，有其重要的贡献。

二、体育的教育定位

体育的定位，从体育的英文"Physical education"一词中即可清楚得知，体育应具备教育的性质，运动如果不具有教育性质则不属于教育的范畴，学校体育为教育的一环，似乎也应有所定论。江良规在 1968 年提到，体育一词，在中文中出现，不到百年历史；而我国自创导推行"体育"以来，保守估计也有六十年。从学者江良规提出至今已过四十多年，体育的施行，其历程为一百多年。百年来，对于体育的真谛，就连体育教师也未必能够认识完全，对于此现象，实有澄清的必要，以免造成对体育的误解，以及如民国初期蒋湘青对于体操教师只有机械的动作，并无知识的学习，造成体育教师被人瞧不起，并对体育产生可有可无的观念。

对于体育一词的起源，首先将身体活动和教育连在一起而创立"体育"（Physical education）一词者，为英国人脉拉伦（Archibald Maclaren），其所著的书《体育的体系》（A System of Physical education），为体育一词的正式开始。[2] 而日文的"体育"一词起源于 1876 年，由近藤镇三，以相对于"精神

---

[1] 江良规：《体育学原理新论》，北京：商务印书馆，1968 年。
[2] 江良规：《体育学原理新论》，北京：商务印书馆，1968 年。

教育"的"身体教育"的意思而想出的译词，乃是日本近代教育制度的过程用语和重整，准备以"身体教育"的教育概念为出发点。

我国官方文件采用体育一词者，始于清末光绪三十三年（1903）清廷对于女子师范学堂所颁布的法令中，文中提到："女子必身体强健，期勉学持家，能耐劳瘁，凡司女子教育者，需常使留意卫生，勉习体操，以强固其精力。至女子缠足，尤为残害肢体，有乖体育之道，务劝令逐渐解除，一洗积习"。① 对于文中所提到的"体育之道"，江良规认为在于身体的保育与养育，并不具有教育意义。而当时的"体育"则以"体操"为主，起因是当时中国有被列强瓜分的危机，知识分子奋力思索救国图存之道，在"师夷长技以制夷"的口号下，将"体操"的军事化身体训练课程，纳入学校教育体系，但课程内容却是枯燥乏味。因为这种兵操式的身体训练，缺乏科学的背景知识，而国外学者伍德认为"形式、徒手和器械体操都是属于人造的技能考核呆板的运动，它们缺乏目的、精神上的内容以及基本的教育目标。"这些传统的以"体操"为体育课的课程，讲求刻板、机械式的训练，并不适合学校，也无法引起学生的兴趣。且此种系统化的教育方式，被当时的教育学者质疑，认为教育必须要有所改革才能顺应时代的变迁，于是，所谓"新教育"的教育改革运动开始萌芽，而在新式教育的理念中，又以自然主义教育和实用主义教育哲学最具有代表性。自然主义的教育思想，重视身体各方面的健康发展，注重保健卫生知识的教导，注重道德环境在个体教育上的价值，并强调个体潜在能力的发展都能与教育相结合；另外，倡导实用主义并影响世界教育既深且远的国际知名学者就是美国的教育家杜威（Dewey），其重要的思想为"在做中学"（learning by doing）的学习理论，认为一种有效的学习，是学生主动去做。自然主义教育思想传至美国，和杜威实用主义教育哲学相容之后，形成了一股体育改革潮流，美国许多体育理论家提出学校体育改革的具体做法，将原本以德式和瑞典体操为主的体育课程，转变为以竞技运动和游戏活动为主的体育课程，成为"新体育"（New Physical Education）。新体育从美国逐渐推展至其他国家，麦克乐在1913年至1926年曾两度到中国推展其体育理念，民国初年（1923）公布在《教育杂志》的《课程纲要草案》中，正式将"体操"改为"体育"，确定了学校体育的位置，此呼应体育的哲学观，不要因运动的外显模样，而以"运动课"或"舞蹈课"来取代体育。

学校体育脱离兵式体操而进入教育的范畴，始于新体育的改革。1893年在芝加哥世界展览会中举办"国际教育会议"，首次将体育议题纳入讨论，当

---

① 江良规：《体育学原理新论》，北京：商务印书馆，1968年。

时学者伍德（Wood）发表了体育的新愿景："体育的目标必需像教育本身那样宽广，且如人类生命般高尚和激励人心。体育的伟大思想并不是只有身体上生理要求的教育，而是能连接身体训练以完成教育，然后努力使身体在环境、训练和文化中，对于个人的生命有所贡献"。① 从此段内容中可以看出，体育已经从呆板、机械、系统的军事化体操训练，转变成有教育意义的课程，除对于身体的训练外，对于思想以及心灵上的成长，也具有极大的贡献。因此，体育教育的目标应为培养五育均衡发展的全人教育，体育的目标不仅是运动技术、身体健康的学习，最重要的是人格修养、培养终身运动的习惯，以及达到心灵成长的教育目标。

第四节　学校体育的导向和价值导向

一、学校体育的导向

学校体育的导向，随着时空背景有所转变，欲了解我国学校体育的导向，则需要先探讨国际体育的思潮，以便了解体育导向的转变脉络。纵观美国的近代体育，是以导入德式体操开始，并在 19 世纪末终了之时，导入瑞典体操，成立了学校体育。② 但此体操式的学校体育，以富国强兵为目的，随着教育思潮的转变，20 世纪国际上兴起一股回归自然的教育改革运动，自然主义教育思想在欧洲发展一段时间之后传至美国，除了教育外，也对学校体育产生了重大的影响。美国当时的哲学家、生物学家和教育家，均强调儿童游戏理论的重要，如赫雨、古立克、杜威等人均从游戏理论的观点对儿童的身体和心理的发展做出诠释，并对当时过于形式化、僵化、固定化的教学方式，提出批判。③但是德国杨氏体操所实施的方法，主要是以器械体操来作为锻炼身体的主要手段，内容较为呆板、无味，而且过分重视强国强种的内涵；而瑞典体操本着生

---

① 欧宗明：《台湾小学教师/教练角色之形塑——历史社会学的分析》，台北：台湾师范大学体育研究所，2007 年。

② 蔡祯雄：《西洋体育史》，台北：台湾师范大学体育研究所，1995 年。

③ 苏彦仁：《二十世纪初美国新体育理论的形成与初期发展之研究——以学校体育为中心》，台北：台湾师范大学体育研究所硕士论文，2001 年。

理、解剖的基础，强调医疗效果且以一个口令一个动作的教学方式来实施。①
这些制式体操，并不符合体育教育的理念，随着教育改革，将运动（sports）
和游戏（games）导入学校体育，使得原本由德式、瑞典体操所构成的学校体
育，开始产生了变化。在新式教育理念中，又以自然主义教育和实用主义教育
哲学最具代表性。而学校体育，由德式和瑞典体操为主的学校体育，转变为以
游戏活动和竞技体育运动为主的学校体育，称为新体育。"新体育"一词的由
来，是由美国哥伦比亚大学的伍德和密鲁斯大学的卡西迪两位教授，合著出版
的《新体育》一书而来。② 这股成功的体育改革风潮，于 20 世纪初形成之后
盛行于美国，并且流传至世界各地。新体育的理念影响全世界各国体育的发
展，我国的学校体育也随着这一股风潮而有所改变。

对于我国体育教育的发展，曾瑞成分析学校体育教学一般分成三项概念，
即军事化导向、竞技化导向和教育化导向等概念，即使在迈入 21 世纪的现代
社会，各国的体育政策规划也大多离不了这三大特质，所不同的是在比重上有
所差异。③ 所谓教育化导向的概念是指将体育定位为教育的一环，透过合乎教
育原理的教学方法，以培养德、智、体、美、劳五育均衡发展的学生。军事化
导向的概念则将学校体育作为培养国民尚武精神、锻炼强健体魄及训练国防体
能为目标，并透过提倡国术、国防体育及举办国防体育竞赛等，借以配合政治
与军事需求的政策取向。竞技化体育导向的概念则借由体育的实施，达到推展
竞技运动、培养优秀选手，并参加或举办运动比赛为导向，提升竞技运动成
绩。我国各项体育运动的发展相当依赖于学校体育，尤其随着经济的发展，竞
技运动蓬勃发展，为了发掘运动选手的幼苗，习惯于从中小学里选拔学生进少
年体校，进行训练，层层选拔进国家队参加国际竞赛。然而体育教师对此现象
进行深入的反思，竞技运动的普及，对于胜利的渴望，学校过度注重竞技运动
的发展，却背离了教育的轨道。依据学校体育的理念，学校体育应脱离军事化
与竞技化的目标，不被外在功利价值所影响，以符合教育的理念。体育的定
位，会随着政策环境的转变而调整，若体育政策是以竞技运动为主，借以拓展
体育外交，这种资源集中提升竞技运动实力的政策取向，自然将产生排挤作
用，进而影响体育正常的发展。

---

① 苏彦仁：《二十世纪初美国新体育理论的形成与初期发展之研究——以学校体育为中心》，台
北：台湾师范大学体育研究所硕士论文，2001 年。
② 苏彦仁：《二十世纪初美国新体育理论的形成与初期发展之研究——以学校体育为中心》，台
北：台湾师范大学体育研究所硕士论文，2001 年。
③ 曾瑞成：《我国学校体育政策研究（1949~1997）》，台北：台湾师范大学体育研究所，
1999 年。

　　体育的教育定位已明确，然而体育的理念仍待澄清，否则将影响体育的发展。目前教育部公布我国中小学生的体质状况，结果仍比美、日差，报告中指出，中小学生体质不论在跑步、立定跳远、坐姿前弯、仰卧起坐和心肺耐力等项目，不论男女，和日本、加拿大、美国相比，都明显不如。造成这种现象的原因有很多，例如升学压力、生活习惯不良、重文轻武的传统文化，对体育课不重视等因素均可能造成影响，不可否认，提升学生体质是目前体育课程重要目标之一，但也切莫将健康体质的提升视为体育课的唯一，否则将体育沦为工具性的课程，混淆了体育的理念，体育的发展将受到限制。体育以培养学生身心健全、社会性发展、整体性思考以及心灵涵养为目标，有其教育意义的理想存在，因此，提升体育的教育功能才是发展体育的目标。

二、体育课程的价值取向

　　体育课在学校中实施，属于教育的领域，对于课程的描述和研究，有助于提升教学成效和建立属于体育的理论基础。其中，课程价值取向影响体育课程的目标、教学、评估以及隐含其中的知识观和教学观，体育教师应熟悉各种取向的主张，借以分析当前教学实施现状，使体育课程的设计与教学，得以日趋完善。对于体育课程的研究，朱厄特（Jewett）在 1985 年在其所著的"体育课程设计"（*The curriculum Process in Physical Education*）一书中，首度介绍体育课程价值取向理论，分别是学科精熟、学习过程、自我实现、社会重建和生态整合。学科精熟是最传统的课程发展取向，着重于获得体育的知识与技能，因此体育教师需要精通各项运动技巧和运动知识；学习过程取向是教导学生独立学习，使学生能够持续学习，对于终身学习与终身运动有重要意义；自我实现则是以学生为中心，透过游戏和比赛的方式，希望学生能够拥有自信心以及积极的自我观念；社会重建取向在于教导学生创造更美好的社会，让学生在多元文化的社会中，学习团体互动、责任与领导等技巧；生态整合取向强调尊重自然与保持自然生态，让学生体会人是整合于环境生态之中。此五种不同的课程价值取向，朱厄特（Jewett）认为，生态整合价值取向有四个显著的特征：强调个人要寻求人生的意义与真谛、人生真谛只能透过自然和环境的整合来获得、在个人需求和社会需要间寻求平衡、生态整合是一个未来的取向等四项特征。[1] 由此可以看出，生态整合有助于学生心灵层面的学习，能够帮助学生找出生命的意义与价值。人与自然环境息息相关，需要常常返回自然，让干枯的

---

　　① Jewett, A. E., & Ennis, C, D, "Ecological integration as a value orientation for curricular decision making", Journal of curriculum and supervision, 5. 2. (1990)：120-131.

生命重新注入能量，达到与自然合一的境界。因此，体育教师应营造出能够让学生体悟人与自然关系的教学，例如户外活动体验自然、各项运动与环保或是自然的关系等，让学生得以脱离生活中的工具性价值观，整合于环境生态达到合一的境界。

各种课程价值取向都有其基本理念，并无优劣之分，体育教师的价值取向也具有多重性，在教学过程中会着重某些部分的价值。将体育归于教育的定位，在面对近年来的教育改革以及环境趋势下，或许体育教师在价值取向上，需要提供更深层的意义，让学生培养面对未来生活的价值观。基于此，体育教师在进行教学时，需要配合教材内容、教学对象和教育目标，适时采用不同或是融合多种价值取向的教学，借以培养学生达到的教育目标。学科精熟与学习过程两种价值取向，是属于基础的学习，因为学科精熟主要的着眼点在学习该学科的内容，是否达到预设的学习目标，而这些目标可能包含主学习与辅学习，包含了技能、认知和情意等三大部分；而学习过程在于强调学习的历程，过程中学生是否积极参与、学习态度的形塑、学习气氛的营造以及过程中的体验等，借以培养学生主动学习并达到终身学习的目标。自我实现、社会重建和生态整合三者，则多了一些理想性，自我实现在于鼓励学生在学习中，注重必须不断自我超越，使自己的能力得到提升，在竞赛过程，也改变了竞赛的价值观，体会胜利来自自我的超越，而非以打败对方的想法；社会重建则超越个人的思维，在于希望学生贡献所学，对于社会的改造有所想法，捍卫社会的正义，替弱势群体发声，而非停留在独善其身的局限；而生态整合，则重在促进个人的成长，期待人与社会、自然的结合，强调要与自然环境生态达成平衡。

第三章　学校体育体制的相关理论

第一节　学校体育改革及相关发展理论

所谓学校体育，指的是由小学、初级中学、高级中学、职业高中以及高等院校等各级学校有计划开展的体育教学活动，各级学校通过组织和管理各种身体活动培养学生的体育意识和体育技能，使学生的身心都能得到健康发展。国民教育不仅是国民的一项基本权利，同时也是一项基本义务，全体国民必须接受国民教育，它在义务教育的范畴之内。本研究中的学校体育指的是在小学和中学开展的一系列课程，如正式课程、非正式课程，再如潜在课程等，都包括在该范围之内。

一、学校体育改革回顾

（一）席卷全球的教育改革思潮

学校体育在学校教育中占有重要地位，学校体育随着学校教育的不断发展而发展，在这一过程中，倾注了很多人的热情和心血，而我们的学校体育工作才能取得显著成绩。

20世纪初至30年代，世界掀起了大范围的教育改革浪潮。杜威提出的实用主义教育思想和帕克提出的进步主义教育改革思想受到很多人的关注，两种教育思想推动了传统教育向现代教育的转变。中国教育也在这一背景条件下实现了根本性转变，由旧学转变为新学，这一时期发起了生活教育运动、平民教育运动等教育改革运动，这标志着现代中国学校教育由此开始迈步向前发展。

20世纪50年代至60年代，全球范围内发起了又一次教育改革运动，科学技术的进步是此次教育改革运动的推动力。在这次教育改革运动中，科学技术发挥了前所未有的重要作用。可是，此次教育改革中体现出更强烈的国家意志力量和行政力量，这是第一次世界性教育改革所没有的。这一时期仍然处于"冷战"阶段，东西方教育改革表现出各自的独特之处。美国等西方国家的教育改革顺利占领了科学技术的制高点，而大部分东方国家则强调意识形态领域的变革，认为教育应该结合生产劳动来进行，教育改革之路并不顺畅。尽管中国教育改革在投入和数量等方面符合世界教育改革的总体趋势，也取得了显著的成绩，可是教育思想、教育模式以及教育内容之间却存在一定的不和谐之处。

20世纪70年代，中国正处于"文化大革命"时期，可是世界性第三次教育改革已经拉开了帷幕。这次改革不仅发展了第二次教育改革，同时也对第二次教育改革中的不足做出了批判。五六十年代的教育改革强调教育规模的扩大，也强调教育内容的深化，为更多的人提供了教育机会，推动了科学技术和经济的发展，进入教育的繁荣发展时期。我们应该看到，繁荣背后危机四伏，主要表现为：学生课业负担加大、教学效率下降，学生身心发展受到负面影响；过于关注知识的系统性和结构性，不重视传授日常生活知识，导致学生的生活能力较差，使教育与社会生活相背离；教育资源分配不均衡，有学历却找不到工作的人大有人在。因此，全球范围内开始呼唤生存教育、生活教育和学习教育。

（二）中国教育改革面临着方向选择

20世纪五六十年代开展的教育改革分割了科学教育和人文教育，尽管促进了科学技术的发展，可是却忽略了人文教育，并由此产生了一系列的问题。十年的"文化大革命"使我们的教育几乎停滞不前，直到80年代以后，我们发现自己与世界教育改革之间的差距不断加大，原有的教育体制暴露出更大的问题。1985年，中共中央出台了《关于教育体制改革的决定》（以下简称《决定》），该《决定》提出："面对世界科技革命的兴起，面对国内经济体制改革的出现，我国教育体制的缺陷更加明显，我国教育事业相对落后。中央认为，只有系统地改革教育体制，才能从根本上改变这种状况。"

自出台《决定》之后，全国教育改革开展得如火如荼，可是改革过程中同时伴随着很多问题出现，而教育思想的问题直接影响到教育改革目标能否实现。必须摒除落后的教育思想，探索新的教育思想，可是从现实来看，我们的教育依然以"应试"为指导，中国的教育改革未来发展方向又在何处。令人欣慰的是，部分教育专家和学者看到了关键问题，积极开展实践研究活动，认识到由应试教育转变为素质教育的重要性，并为此展开了理论和实践研究，取得了显著的成绩。

根据"教育改革"概念可知，"教育改革"是从特定的目标出发，取代旧的、不合理的教育活动，采用新的、与经济、政治相适应的教育活动。教育改革不仅包括智育、德育、体育方面教学活动的改革，也包括对教育思想、制度、内容、手段的改革，而且率先开始的肯定是教育思想的改革。尽管素质教育改革成绩显著，可是"应试教育"的影响仍然十分巨大，所以由应试教育转向素质教育必然需要很长一段时间才能完成，素质教育与应试教育之间的矛盾仍然会短时存在。

（三）学校体育可以作为素质教育改革关键突破口

学校体育在学校教育中占有重要地位，无论是思想理论，还是原则、方法等，二者存在密切联系。教育需要改革，体育自然也需要进行改革，由于"应试教育"的存在，体育教育非常薄弱。可是，体育是素质教育的内容之一，同时也是实现素质教育目标的手段之一，所以原国家教委认为，要想顺利实现应试教育向素质教育的转变，必须高度重视学校体育工作，大力抓好学校体育。显然，学校体育在推动素质教育的开展中发挥了重要作用。

二、中国学校体育改革及发展措施

既然学校体育在推动素质教育中发挥着不可或缺的作用，所以必须想方设法抓好学校体育工作。1997年，国家教育部原副部长柳斌在全国学校体育卫生、国防教育工作会议开幕式上发表重要讲话，他说："我国学校体育、卫生、国防教育工作在将来一段时期内要以邓小平理论为指导，严格落实党的教育方针，全面推动素质教育的开展，严格遵循《学校体育卫生工作条例》、《学校体育工作条例》，重点抓好农村地区和经济落后地区的学校体育、卫生、国防教育工作，重视行政管理，使工作质量和工作效益得到全面提升。我们的工作目标是使每一位学生都能接受体育教育，接受国防教育知识；提高学生身体素质，引导学生形成国防意识；壮大体育、卫生、国防领域教育师资队伍，增强教师素质；中心小学以上学校必须配备齐全符合国家或省级器材配备目录要求的体育卫生器材设备；大幅提升学生的体育竞技运动水平，建立起符合中国国情的学校卫生、体育、国防教育体系。"

关于以上目标的实现，柳斌也做出了明确的指示：要进一步宣传学校体育、卫生国防教育工作，提高领导、校长以及一线教师对学校卫生、体育以及国防教育的认识，认识到以上几个方面在学校教育中的重要地位，充分发挥学校卫生、体育以及国防教育工作在实现素质教育目标中的重要作用。另外，要总结和借鉴"八五"期间的工作经验，从以下几个方面出发，做好学校卫生、体育、国防等方面的工作。

（一）秉承依法治教原则，贯彻落实行政法规以及管理制度

各级教育行政管理机构要依据《学校体育工作条例》《学校卫生工作条例》评价、督促检查中小学落实两个条例的情况。

关于农村体育工作，要以国家出台的《九五期间农村学校体育卫生工作的意见》为依据制定体育工作开展规划，以分类指导、个别推进原则为工作重点，有针对性地采取措施，力争在三年之内转变农村学校体育卫生工作的落后面貌。

柳斌关于体育升学考试的问题也做出了说明：为了全面贯彻落实德智体全面发展的教育方针，将体育考试纳入初中毕业考试科目中，督促学生加强体育锻炼，提升学生身体素质。

关于学生体育活动方式和保障的问题，也要制定行之有效的措施，保证学生每天的体育活动时间，充分利用早操、课间操以及课外活动加强体育锻炼，学校不能任意侵占体育活动时间，引导学生去操场、大自然进行体育锻炼，参加各种各样的体育活动。

关于全国学生体育竞赛以及学校课余训练的管理问题，要求以实现"最佳综合效益"为目标，根据《全国学生体育竞赛管理规定》对其进行评估、督促和管理，确保相关工作实现规范化管理。

关于学生健康及制度问题，要构建完善的学生健康检查与体质调研制度，并根据调研结果构建学校卫生工作信息网络，帮助学校制定科学的卫生、体育工作决策。每隔五年要开展一次学生体质健康监测工作，并确立相关制度，同时还要开展全国学生体质健康调研。按照《全国学生常见病防治方案》的要求，严格执行常见病防控措施，尤其要做好传染病的防控工作，坚决杜绝学生食物中毒事件。

（二）建设高水平的体育教师队伍

通过分析当前教师队伍状况可知，"当前师资队伍建设工作要以提升教师专业素养和师德水平为重点"。因此，高等院校要重视建设体育教育专业，"认真执行体育教育专业的课程设置方案，重点培养中等学校体育教师，满足基础教育改革的人才需求"。专科学校体育教育专业的学制是三年，同时实施"体育与健康教育"主辅修制，从而满足农村学校推广学校体育和健康体育中

对教师质量的需求。

当前高校体育教师的专业素养偏低，而且科研水平不高，因此必须组织培训活动，尽快提升教师素养，从而满足教学和科研工作的需求。"高等院校可以根据自身条件开设国防教育研究生班和体育专业研究生班，从而提高高校教师专业素养"。

另外，还要重视体育教师与健康教师的生活与工作问题，以平等的态度对待体育教师和健康教师，根据国家政策解决他们的生活问题和工作问题。

（三）强化教育改革力度，切实提升体育教育质量

学校体育工作"要面向全体学生，提高学生各方面的素质，使学生真正实现全面发展"。关于这一点，要构建完善的组织管理机构，实现管理的规范化和科学化。符合相关要求的区县教育行政部门要设立专门的机构负责学校体育、卫生的管理工作，不符合要求的区县要设立专门人员负责管理这两方面的工作。要关注科研工作，构建一支由专兼职科研人员组成的高素质科研队伍，同时还要设立合理的运行机制和管理机制。

教材、课程、方法的变革也是教育改革的重要内容。从课程改革来看，要以素质教育要求为依据，优化课程结构，不再按照教师教学方法来设置课程，根据学生实际情况构建有助于提升学生素质的课程体系。从教材改革来看，要严格按照教学大纲编定教材，保证教学内容的难度符合学生实际需求。不仅如此，还要因材施教，全力解决教学中带有普遍性的问题，要及时改进教学手段，将现代化教学技术应用于教学中，营建轻松、愉悦的教学环境，激发学生参与活动的热情。

（四）加大教育经费投入力度，改进教育环境条件

充分发挥社会各界力量的协同作用，增加教育经费投入。各级政府要在地方财政预算中增加学校体育投入，保证学校开展体育教学工作所需经费。要激发社会各界力量，通过多种渠道筹集体育经费。各学校要根据《学校体育工作条例》和《学校体育器材配备目录》的规定，改善场馆条件，增加器材设备种类，使其符合相关要求。另外，还可以根据地方实际条件自制体育器材，以解决农村学校体育器材紧缺的问题。

（五）重视教育科研，推动学校体育向着科学化方向发展

各级领导要给予鼓励和支持，为该项工作的落实提供重要保障，关注和支持教育教学计划的制定，同时出台相关支持政策，保证课题选择、人员配备、

经费筹集等顺利进行。部分高校在科研和教学领域积累了一定的工作经验，如有些高校将科研能力纳入教师考核的范围，还有些地方每隔一定时间就要举办培训讲座，提高教师的科研能力。各地学校要借鉴这些成功经验，并加以推广。另外，访学也是提升教师教学科研水平的重要途径之一。

三、学校体育改革展望

（一）实现人的现代化

学校体育改革以培养社会主义建设人才，全面提升人口素质为最终目标。美国政治家亨廷顿对"人的现代化"的概念进行了界定，它认为现代化涉及多个领域，无论是人的思想还是人的行为。在本次研究中，笔者从现代化特点中概括人的现代化内涵。

国家和地区的现代化特征表现为如下几个方面：

工业化。工业化不仅是现代化的内容之一，同时还是推动现代化实现的动力，它使人们之间的关系、社会生产和生活方式发生了很大的转变。从狭义来看，工业化等同于现代化。

科学化。科学化不仅包括科学知识，还包括科学方法和科学态度。科学知识为现代化的实现提供理论基础，科学知识转化为科学技术；科学态度指的是尊重客观事实和规律；科学方法推动科学进步，它包括对原有知识结构的调整，还包括用已经验证的正确方法去解决问题，科学方法是创新发展的结果。

制度化。制度化指的是政府以及其他部门都必须遵循一定的规章制度或按照一定的流程进行活动，所以必须构建起科学、合理、公平的法制体系。是否建立起科学、合理、公平的法制体系是评判一个国家是否达到现代化的标准之一。

理性化。理性化指的是以理性的思维、平静的情绪来处理与自身利益密切相关的事务，不能因一时冲动做出错误的行为。国民越理性化，国家的现代化水平越高。

民主化。民主化强调各级政府工作中具有开放性，国民积极参与其中，在教育、就业等领域中享有平等地位，不管国民的背景、地位、经济收入等是否存在差异，都可以自由表达自己的观点，国民之间拥有平等的人格。政府权力结构包括来自不同阶层的人民，因此政府应在遵循人民的意志前提下行使权力，并将其确定为最高准则。

专门化。专门化强调社会组织精准分工，如企业、警察、社会团体等都能体现出分工的精准化，各主体在自己的行业范围内行使特定职能。传统的宗教团体往往可以插手各个领域的事务，参与管理各种行为，但到了现代社会，这种现象不复存在。

效能化。狭义的效能化指的是在最低投入的前提下所获得的产出达到最大化，效能化是现代化特点之一，它被赋予了更加广泛的涵义，如目标与手段保持一致，再如各组织对社会发展的促进作用和人的身心满足。从个人角度来分析，效能化指的是带有普遍性的成就倾向，人通过自己的不断努力，不断提升，向着更高目标迈进。重视成就倾向一定会导致尊重知识、尊重人才的结果出现，所以要想实现效能化，必须摆脱传统观念的束缚，克服懒惰。

社会流动化。社会流动包括赞助式和竞争式两种形式，前者指的是社会以某一偏见为依据进行身份的传递，如贵族的后代仍然在社会上占据上层地位；后者指的是以效能倾向为依据进行，人们会根据自己的学识和能力向自己喜欢的方向流动。不管是纵向流动还是横向流动，社会流动都具有双向性，即社会集团关系方面表现出自由、开放的特征，而社会等级层面表现出可以升降的特征。

（二）实现学校体育现代化

1995 年，伍绍祖在全国县级体育工作会上针对学校体育的发展以及实现现代化的问题做了重要说明，他说："发展是硬道理，改革是必经之路，发展是改革的目的，实现发展一定要依靠改革。"事实上，改革与发展的协调化过程就是实现体育现代化的过程。体育改革的整体目标包括生活化、社会化、普遍化、法制化、产业化等，同时这也是国家体育现代化的内容和特征。毫无疑问，学校体育现代化应该具备以上特征。

从现代化角度来看，学校体育现代化涉及三个层面的内涵：第一，设备条件的现代化，指的是学校体育的经费、设备、条件、器材等符合现代化特征要求或者高于现代化特征要求；第二，制度层面的现代化，指的是建立起符合社会现代化体育发展需要的学校教育机制与体育制度，保证教育机制、民主政治制度、体育制度等各项制度相互和谐、统一；第三，意识形态层面的现代化，指的是体育思想、体育意识、体育价值等方面实现现代化，这一层面的现代化要求学校体育系统要借鉴世界各国体育改革的经验以及相关研究成果，消除与现代化不适应的体育观念，转变落后的体育教学方法，更新体育内容，培养朝气蓬勃、富有创造力和感召力，且具有良好体质的社会主义现代化建设者。

学校体育现代化不仅是学校体育的发展目标，同时也是一种动态化发展过程，社会以及教育行业的进步都能够影响到学校教育的目标和特征。由此可见，我们分析学校体育的现代化内涵，归纳其内在本质时，一定要对学校体育现代化形成正确的认识，它不仅体现出时代精神，同时也体现出体育理想与体育追求。学校体育的现代化是社会现代化的外在表现，同时还是人的现代化的重要内容。要想顺利实现我国学校体育的现代化，达到世界先进水平，既要重视"硬件"建设，又要关注"软件"的创新。

通过以上分析可知，学校体育表现出明显的综合性特点，社会各个领域都可以通过学校体育反映出来，而且学校体育的现代化以及发展演变过程不但是学校体育进步与发展的标志，同时也是中国应试教育转变为素质教育的过程。

四、深化学校体育改革

自从召开十一届三中全会之后，我国开始实行改革开放，社会主义建设步伐大大加快，而学校体育也随着国内形势的变化不断发展。最近几年，教育行政主管机构以及学校愈加重视体育工作，体育教师队伍不断壮大，体育教师专业素养不断提高，而且场地条件以及器材设备也有了明显改善，体育教育改革成绩比较显著，并且更多的人也开始重视学校体育研究工作。尽管如此，当前的学校体育发展水平仍然远远落后于"全民健身计划"的要求，我国学校体育不得不承受来自对"金牌"和"高升学率"狂热追求的打击，因此它的发展并不如意。学校体育的未来发展方向如何？归根结底一句话，必须在遵循学校体育规律的前提下开展体育教育。

（一）总结学校体育发展规律

只有正确认识规律，全面掌握规律，才能在实践中自觉以规律为指导。规律反映了事物在变化发展中的内在联系，从体育的本质来看，它是提升人们的身体素质。学校体育包括两个组成要素，一是人体，二是体育手段。我们要从人体与体育手段之间的矛盾冲突中去探究学校体育的基本规律。经过大量的分析研究，我们认识到学校体育的基本规律是从人体的主体需要出发，通过采用一定的体育手段进而实现提高主体身体素质的目的。

由于事物联系具有普遍性，因而学校体育一方面有助于学生的全面发展，而另一方面它与其他社会关系之间也建立起密切联系，进而产生矛盾运动，形成外在规律。该规律以人体为纽带，实现自身发展，它的发展包括预期目标、人体、终结目标三个环节。

通过分析我国学校体育教育的发展演变过程可知，我国学校体育伴随着对不同规律的探索活动不断向前发展。外在规律具有外显性和功利性特征，有的时候也会因为人主观故意或者无意偏离、摒弃、不重视内在规律，导致学校体育过于追求外在目标，而真实的主体则沦为牺牲品或附属品，具体表现为学生忽略"体"的发展，仅仅重视德智的发展，最终使得学校体育难以实现短期效益和长期效益。我国体育学术界的研究成果最多，而且这些研究成果长时间与体育发展之间存在很深的矛盾，这种矛盾主要表现为打着"学习体育"幌子的竞技运动。概括来讲，最近几年的学校体育改革主要表现为披着"学校体育"的外衣，暗地里却进行运动竞技改革。为了避免学校体育沦为竞技体育的幌子或衬托，所以我们必须将运动竞技规律与学校体育规律严格区分开来。

（二）将运动竞技规律区分开来

竞技指的是表现在技术上的竞争，社会上普遍存在竞技现象，如人在运动技术方面的竞争就属于运动竞技。运动竞技领域存在"运动技术—人体—运动技术"这一规律。运动竞技与体育的共同之处是二者都包含"人体"和"运动"两种要素，因而二者之间必然存在密切联系，所以双方也一定会出现矛盾运动。可是，二者的紧密联系并不代表双方之间没有根本的区别。前文已经提到，体育内在规律性主要通过以人体为主导的运动体现出来，是否对人体的身心健康发展具有促进作用是评判运动是否合适的标准，运动的外在规律性主要通过以物为中心的目标体现出来。具体来讲，运动竞技的核心在于运动技术水平，而成绩、名次、奖牌是衡量运动竞技的标准，运动技术必须依托人体才能实现，同时也要以运动需求为依据确定恰当的人体，这一过程并不需要有助于提高运动技术的人体。运动技术关于人体的选择性尽管能为实现最大化预期目标提供保障，可是却使自身对人体选择的制约性加大。从表面来看，运动竞技可以面向全体群体，可是却伴随着淘汰，因而必须要添加上一定的限制条件之后，才可以将运动竞技运用于学校体育活动中。如果不加上特定的限制条件或者不遵循学校体育规律，便将运动竞技融入学校体育之内，那么原本可以享受体育权利的许多人就会受到排斥，这将会是我国学校体育发展中的最大障碍，也会使学校体育的发展停滞不前。

从目前来看，体育运动与运动竞技之间并不存在清晰的界限，很多人将二者等同于"竞赛"。运动竞技与竞赛之间联系密切，体育活动常常离不开竞赛，可是体育竞赛对人体身心健康发展并没有显著的促进作用，竞赛可以吸引群体以及扩大群体数量，但这并不是唯一一种可以吸引群体的方式。在运动竞技中，参与者不仅需要接受严格的系统训练，而且还需要借助于竞赛才能取得优异成绩。前者符合"有教无类"的说法，同时还表现出广泛的适应性和群众性，后者的优势表现在先天条件和后天刻苦训练上，正确区分体育运动与运动竞技对准确掌握两种规律具有积极作用，同时也有助于在遵循学校体育规律的前提下开展学校体育活动。

(三) 坚持遵循学校体育规律办事

规律蕴含于矛盾运动之内,矛盾运动是规律的外在表现,矛盾可分为主要矛盾和次要矛盾,因此必须对主要矛盾进行准确把握,体现在学校教育中,则表现为利用改革的手段实现学校体育目标。

(1) 注重内部潜力的发掘

学校体育工作的中心是提高学生的身体素质,它由教师、学生、教学手段和教材四种要素组成,要从如下几个方面深入挖掘内部潜力。

第一,提高教师质量。纵观当前我国体育教师队伍,当前存在的主要问题是教师数量不足,专业素养不高,教师流动性强,其中最严重的问题是教师专业素养不高,因此必须下大力气改善教师队伍质量。体育教师大部分源于体育院校毕业生,因此体育院校要转变过去忽视文化知识,重视技术技能的落后的办学理念,按照体育规律培养教师队伍。我们承认,体育院校办学过程中应该落实国家政策,而且还要受社会需求的约束,彻底解决这一问题需要较长一段时间,是一个漫长的过程,但绝对不能通过等待来解决。

从教师角度来看,教师自身是提升专业素养的关键。教师必须形成良好的职业道德感,要有一颗坚定不移的事业心,更要具备热爱祖国、甘于奉献等良好的精神品质,甘愿为教育事业贡献一生。如果体育教师在具有较高专业素养的同时,具备广泛的相关知识,一定会在教育教学工作中有着更为出色的表现。反之,体育教师自身专业知识较少,专业技能不高,肯定无法胜任这一工作岗位。

不仅如此,提升教师素养还包括提升非体育教师的体育素养。学校体育教育工作并不仅仅是体育教师的责任,要想顺利完成这一复杂的系统工程,必须由全体教师共同努力,因此非体育教师也要具备一定的体育知识,与体育教师一起参与到学校体育教育工作中。

第二,培养学生体育意识和能力。尽管体育意识和体育能力并不完全是在后天环境下形成的,可是青少年的日常生活对他们的未来发展具有很大的影响作用,如果从小便注重对青少年进行体育意识和体育能力的培养,他们的体育意识和体育潜能一定会早于同龄人体现出来,也更容易形成更高层次的体育意识和体育能力。学校应该使学生认识到未来高度发达的社会对人类健康要求提高了这一事实,使学生从小便树立长远的健康目标,并将其转化为加强体育锻炼的内在动力,最终使学生以最快的速度将动力转化为实际行动。每一个公民都应该养成以上习惯,形成健康向上的全民健康体育风尚,否则,体育效益很难提高，尤其是社会效益方面表现最为明显。

第三，加强体育教材建设。教材是某一学科内在知识结构的体现。学校体育尽管是一门独立的学科，可是它却由多种学科组成，是一个复杂的学科体系，所涉及的学科包括生理学、教育学、医学、心理学，还包括社会学、力学等。另外，学生的内在知识结构具有个性化特征，发展的起点以及未来发展的趋向性各不相同，而体育教学大纲只能起引领作用，一线体育教师在实际教学工作中必须想方设法去丰富大纲内容。因此，体育教材的建设不能仅仅依赖于教材编写者，体育教材也不是固定不变的，一线体育教师必须参与体育教材的调整，根据实际需要增添新的教学内容。

第四，改进教学方法和手段。教育工作者与被教育者之间存在很大的区别，二者的目标指向以及静态基点各不相同，并且处于绝对变化条件下。教育工作者与被教育者的能力表现出动态化不同，二者的技术水平也无时无刻不在发生变动。如今，新的教育教学方法不断出现，教学手段日益趋近于现代化，如果体育教师不能根据学生的实际情况灵活运用恰当的教学方法，那么学生感知新知识的能力一定会逐渐下降，学习效率一定会降低。俗话说："一花独放不是春，百花齐放春满园"，所以我们提倡采用多种方法深入挖掘学生的内部潜力。

不仅如此，深入挖掘学生的内部潜力还需要各项因素的优化配置，只有各因素密切配合，高效应用，才能实现挖掘内部潜力的目标。

（2）加强内外环节的协同

根据协同理论的互补原理，成对出现的，且对另一方表现出排斥的事物，当处于不同条件时会表现出互相补充的特征。如果我们将特定的条件提供给处于矛盾对立状态中的事物，那么矛盾双方都可以实现协同发展。学校可以从以下几个方面出发，将这一原理运用于学校体育实践中。

第一，学校体育与运动竞技互补。学校体育与运动竞技的项目可以进行沟通。尽管可以采用多种形式开展学校体育，可是与生活相结合的运动竞技项目最容易推广，表现出明显的普适性，但是我们不能将过多的注意力放在对一流运动技术的追求上，而是应该寻找与学生生活相关联的体育项目，采用灵活多样的形式来进行，依据人体对运动技术进行选择，保证学校体育具有教育性、大众性、主动性等。另外，学校体育与运动竞技的普及与提高可以实现沟通。我国学校体育水平相对落后，而运动竞技则已经形成了相对成熟的训练机制，因此要大力开展学校体育，将竞技体育与学校体育相结合，全面提升学生整体体质，提高学生的竞技水平。如果长期坚持这样做，一定会为我国培养出更多的优秀运动员苗子。还有一点需要指出，即在校外设置运动训练机构，建立起高级运动竞技网络结构。学校体育培养出来运动员苗子后便进入更高级运动竞技网络结构接受更高层次的训练。如此一来，双方互相促进，共同发展。

第二，体育与卫生互补。全面开展卫生工作的最高准则是维护和增进学生身心健康，而卫生是学校体育发展的前提条件。学校体育面向广大青少年儿童，体育卫生的好坏与他们的身心健康存在密切联系，甚至会影响到他们将来的生活和进入社会之后在身体素质方面的竞争力大小。一般来讲，学校卫生工作通常只会涉及一些整理性、准备性活动，仅起到自我监督和自我保护的作用，与卫生标准要求之间存在较大差距。卫生工作当前暴露出诸多问题，如卫生经费紧缺，导致医疗卫生器具质量低下，并且数量不足；体育卫生管理人员素质较低，导致体育卫生教育与服务质量差，效益不高；尚未形成正确的卫生意识，生活习惯落后，导致对体育卫生工作的认识出现偏差；体育场地简陋以及器材设备的紧缺导致潜在危险出现。所以学校体育卫生互补不但需要增加经济收入，优化卫生环境，还需要提升人员素养，摒弃落后的教育观念，形成良好的卫生习惯。

第三，知识的内在协同。体育与普通学科不同，它不是仅仅涉及实践的科目，也不是通过教材可以全部概括知识的学科，它必须依赖大的教育环境下才能发展。由此可见，必须从学校体育教育对象的多样性出发，依据不同的条件因素运用恰当的知识。通过灵活运用各种相关知识，体育参与者可以从中感受到体育活动的魅力，被充满趣味的体育活动所吸引，还可以深刻感受到体育的内在文化内涵。我们之所以制定"全民健身计划"，就是要在灵活运用知识的过程中形成健康的生活习惯，最终实现自身的全面发展。我们也应该认识到，应该从体育教师自身重视知识的内外在协同，这样才能更容易在教育教学工作中取得显著成绩。

我们在发展学校体育的实践中要遵循实事求是的原则，以学校体育规律为行动准则，保证顺利实施"全民健身计划"。

五、促进中国师范大学体育院系可持续发展

（一）可持续发展的基本内涵

《我们共同的未来》的报告中，首次明确地提出了"可持续发展"的概念。大意是"既满足人类目前需要和追求，又不对未来的需要和追求造成危害"。"可持续发展"中的"持续"在英文中的对应单词为"Sustainable"，该词涉及三种不同含义，如"能支撑住的""可维持（持续）的""能忍受的"等。通过分析可持续发展概念的历史发展渊源可知，它源于人类对当前人口危

机、能源危机、粮食危机等世界难题的反应，是人类重新思考资源型发展模式的结果。

"可持续发展"理论强调，在推动社会经济发展的进程中，要以保持自然资源不退化以及生态环境的整体性为前提，最终实现社会的稳定发展。"可持续发展"理论的核心也就在于此，它的基本内容涉及四个方面：（1）从根本上消除贫穷，防止出现资源退化的现象，与此同时，加大社会经济政治体制改革的力度；（2）运用先进技术或手段减少对环境的破坏，重视相关研究，并增加科研投入，将科研成果转变为科学技术，准确评估可以影响可持续发展方案的各项因素；（3）降低人口增加的速度，使人口对自然资源的索取量减少；（4）环境成本内在化，降低废弃物、危险物以及排泄物的数量，使人类不再使用破坏和污染环境的生活方式。总之，可持续发展强调经济、社会、人口、自然资源等各项因素之间的协调配合，共同发展。

（二）我国师范大学体育院系可持续发展的优势、困难与问题

（1）我国师范大学体育院系可持续发展优势

我国师范大学体育院系可持续发展的优势是相比较而言的。

第一，与单列的体育学院相比，师范大学体育院系的综合性更强。我国很多师范大学在"八五""九五"期间不断发展壮大，有的成为综合型师范大学，还有的名列"211"重点大学的行列。建立起更加完善的学科体系，为培养高素质复合型人才奠定良好的基础。我们以体育学为例展开研究，师范大学的体育学在激烈的环境条件下，不仅有着强大的教育学科基础，而且生命学科发展较快，电子技术科学与世界水平之间的差距逐渐缩短。另外，这些师范类重点大学的人文社会科学具有较强的感染力，主要通过经、史、哲、文等学科体现出来，宽广的学术视野有助于高素质体育人才的培养；另外，我国有些师范大学接受教育部直接管辖，还有些师范大学属于某一特定的省市区，多数省市政府为其提供大力支持，还有些师范大学隶属某一省市区，可以享有相应城市的优惠政策，全国以及各个省市在快马加鞭，集中精力建设一流重点院校，省市重点大学的财、人和法人等因素表现出明显的优势，在国际国内交流上也都形成了较好的传统并开拓着新的领域，这无疑为其体育院系的可持续发展提供了相适应的外部条件；还有一点需要指出，即体育教育产业在形成过程中会逐渐显露出独特之处，它的竞争力很突出，是拳头和优势产品生产线。

第二，与地方师范院校和师范专科学校相比较，师范大学除具有以上发展优势外，还有几个优势特征。首先是在规模与效益上，师范大学体育院系优势明显，根据调查和有关研究成果表明，我国师范大学体育院系全日制在校本科

生学生平均达500人以上，平均师生比在1∶10左右，而地方师范学院和师范专科学校的全日制，在校学生平均规模为300左右，平均师生比例约1∶8；其次是办学层次上具有明显的优势。我国师范大学体育院系都具有1~3个硕士点；华南师范大学、华东师范大学、福建师范大学等已批准建立博士点，正式招收体育学博士研究生，其他师范大学都在积极申报增设新的硕士博士点。此外，全国十余所师范大学于2001年联合拟订培养方案，并经教育部批准于2001年下半年正式招收教育学硕士专业学位（学科教学·体育）研究生。研究生博士生教育领域的优势和时空拓展条件，是地方师范学院和师范专科学校体育系科所缺乏的。

第三，专业上相对发达。大部分师范大学体育院系除设置了体育教育专业外，还在迅速向运动训练、社会体育、体育保健与康复、武术等专业领域拓展，同时培养跨专业、双休专业与辅修专业的学生，虽然规模相对较小，但成长性良好。

第四，继续教育和成人教育方面，师范大学占尽了地方的优势。部分地方师范大学体育的研究生课程班教育，研究生同等学历教育，甚至本、专科成人教育都在向周边省市拓展，对地方师范学院和师专的本、专科体育教育形成了明显的压力。

（2）我国师范大学体育院系可持续发展的困难与问题

我国师范大学体育系可持续发展的困难和首要问题还是综合性的问题。因为综合性是有层次的，师范大学在学校的学科门类齐全和较高层次上的发展表现出一定的优势，但在体育学科本身的综合性（我们称之为复合型）上发展还是相当有限的。我们知道一所高水平大学，其前提之一是由于它有宽广的学科面而能为每一个学科提供课程设计的各种选择，从而有可能形成优良的课程结构；一个学科、一个专业，也存在类似的情况。但目前，师范大学同全国的所有大学一样，并没有实行完全意义上的学分制，课程结构与计划中必修和限选占了大部分，许多课程并没有在全校范围内打通，学校的综合性优势势必打上折扣。同时体育学科自身的复合性也存在不少困难与问题。例如在二级学科上绝大部分的师范大学体育院系只是在四个二级学科的一到两个学科上具有相对优势，这从硕士、博士点的分布和数量上可以明显看得出来。再从数十门三级学科上来看，绝大部分的学科分支是学科综合化发展的结果，除少数主干学科外，都还谈不上是"结晶"学科，即它们的科学性、完整性、先进性都有待进一步的发展和深化。

我们知道，学科常常是科学的外在表现形式，学生接近或学习某一学科时常常通过课程来实现，如果我们的课程不能反映学科的发展趋势，尤其是综合交叉的趋势，那就很难真正接近学科，掌握学科。例如，对于体育专业的学生而言，虽然不要求他们掌握相对完整的心理学科，但仅仅学一点普通心理学和体育（或运动）心理学已明显不够了，至少应将教育心理学（教育学与心理学交叉）、认知心理学（思维科学与心理学交叉）揉进去，开设出类似"心理学概论"的课程，以便使学生更接近心理学科。

总之，在特定的学科范围中，学科的复合性可以通过一组课程来体现。学科发展是分析与综合相互作用的结果，学生学习也应该遵循这一规律，单科目学习有其分析与综合的过程，多科目学习有其分析与深入的过程，就学习的总体而言，复合性是要着重加以注意的。

影响师范大学体育院系可持续发展的综合性困难和问题，还表现在教师的复合性问题上。近十年来，三分之一的诺贝尔奖得主的研究领域是电子学、物理学、计算机科学，还有三分之一的诺贝尔奖得主的研究涉及核酸性酶、光合作用机理、基因工程技术等内容，显然，诺贝尔奖得主具有超强的知识复合性。师范大学体院系要培养高级人才，要同时提高质量、规模与效益，显然，教师的知识结构情况如何是关键。

如果有相当比例的教师知识结构单一，一辈子就只是教一门课，特别是对本科生，也只是一门课，那就很难适应师范大学教学改革深入发展的需要的。诚然，我们师范大学体育院系的很多教师并不具备通才教育思想，他们看中的仅仅是专才，通过分析通识教育发展的综合性师范大学高标准要求可知，要迅速实现长足的进步和本质改观，不能不成为困难和问题的一个重要方面。

上海师范大学陆遵义等人研究表明，师范大学体育院系可持续发展困难和问题还突出表现在：第一是师范院系，在综合大学中排位比较靠后，办学条件并不突出；第二，高层次教师人才培养条件落后；第三，学校规模有限，专业十分单一 [1]。

以上所述反映的还只是师范大学体育院系可持续发展的内在困难和问题。事实上，从"九五"开始，国家减少了申报大学的限制条件，也放宽了对新专业的限制，高等院校通过合作、合并等不同形式逐渐建立起集多种办学层次，并且规模不断增加的体育院校竞争结构。全国重点综合大学在人、财、物和政策等方面的相对优势，已对师范大学体育学院等办学的发展形成强大压力，尤其是高级人才竞争和生源争夺等方面的加剧已是不争的事实，从长远看，类似外部的压力所形成的新的困难不可忽视。

---

① 陆遵义，李伟民，徐本力等. 高等师范院校体育院系联合办学模式探索 [J]. 体育科学，2000，20（1）：7-10.

(三) 我国师范大学体育院系可持续发展的基本对策

(1) 强化自我定位

我国师范大学不管是朝综合性大学发展，还是朝着综合性研究型大学发展，无论朝着哪一方向发展，它的本科教育主体是不会发生变化的，其中师范类各本科专业主体目标依然是培养德智体美全面发展的优秀中学教师，力争使这些教师在将来能够成为学校的工作骨干、教研人员，或者成为服务于地方经济和教育的科研人员和教育行政管理人员。非师范类各本科专业的人才培养目标是培养全面发展的，能够服务于地方经济和社会的专业化优秀人才。由于社会不断向前发展，而且基础教育要求与之前相比发生了很大的变化，因此师范大学的研究生教育也出现了一定的转变。总之，师范大学体育院系的自我定位并没有发生根本性变化，仍然是以社会主义办学方向为引导，共同服务于基础教育和体育教育，不仅服务于地方体育，而且还要服务于社会的发展，同时成为地方高等学校培养体育师资和教练员的重点依托院系。

(2) 突出两个特点

如果说朝综合性大学发展是我国师范大学可持续发展的必由之路，综合性是师范大学目标系统的基本特征，那么师范性则是师范大学可持续发展必由之路上的主轴，是师范大学各学科专业各层次教学一直把握并逐步强化的根本特征。目前，虽然师范大学体育院系的专业在逐步向体育教育专业之外的运动训练、社会体育、民族传统体育、体育保健与康复等专业拓展，可是通过分析人才产出的社会竞争力可知，师范大学的人才培养要将培养高素质、宽口径、厚基础的难以替代性人才等工作放在首位，以上这些都隶属师范性和综合性的特征。也正是意识到这一点，我们国家教育部和部分师范大学着手在研究生层次人才培养上，选定培养教育专业硕士研究生入手，进行高层次人才培养改革。其中包括两个方向，一个是学科教学，另外一个是教育管理，2001 年体育学科教育专业硕士批准试点招生，也是突出这两个特点的结果。顾明远教授认为，"社会上任何一个职业，只有它的专业性越强，具有不可替代性，其社会地位才越高""教育硕士专业学位的开辟提高了教师职业的专业性，必然会提高教师地位，更受到社会的尊重"。教育硕士专业学位的开辟，促进了师范院校的研究生教育，除了为高等学校培养一部分师资外，还为中小学培养高质量的师资。从师范院校的现状来看，除了极少数可与综合性大学文理学科相抗衡，发展成为研究型大学，大多数学校具有的优势主要在教育学（包括学科教学）方面，我们的研究重点应放在教育科学上。教育硕士专业系统的设置，有利于大多数师范大学把科研工作和研究生教育转移到教育科学上来，切切实实为基础教育服务。

教育硕士专业学位与学士学位不同，它的人才培养重点并不是为高校培养科研人员和教师，而是将重点放在培养基础教育人才和管理人才上，同时还要重视有助于提升教学水平的训练，引导学生灵活运用先进的教育理论。正是因为二者的侧重点存在很大差异，因此教育硕士专业在课程设置、招生对象的确定以及选择恰当的人才培养模式等方面都会必然表现出自身的独特之处。

显然，教育专业硕士培养的试点和逐步展开，师范大学在突出师范性基础上的综合性要求更加明显凸现出来，师范大学体育院系的生存与发展壮大之路，不外乎抓住和更加突出这两个特点。

（3）强化三个服务

我国师范大学及其体育院系办学的定位及其内在特征，要求师范大学体育院系强化三个服务。其一是为基础教育服务。这是由师范大学的本质特征和基本定位所决定了的，没有为基础教育服务的意识、能力和行动，就不成其为师范大学的体育院系。其二是为地方的经济和社会发展服务。基于体育的本质和人才培养的师范性和综合性特征，师范大学体育院系为地方经济和社会发展服务重点应当是组织和发展社区体育上，培养培训社区体育指导员，发展体育产业，为全民健身的落实和不断进步，提供高水平的服务。为地方服务的最直接要求与方法是培养和输送高级专门人才，间接的方式则是提供科技教育咨询、合作开发和转化体育科技成果，合作办学，院校和地方共建等等。其三是强调为竞技体育服务。竞技是体育的特征之一，因而师范大学体育院系的发展不可能远离甚至抛弃竞技。事实上竞技体育也是有层次性的，师范大学体育院系不应办成竞技体育院校，但是人才培养过程中以及人才产出为竞技体育服务也是必要和可能的。培养初、中、高级教练员，利用一定的科技优势为地方乃至国家竞技运动队服务，参与研究和探讨国家、省市竞技运动发展计划等都是这种服务的内涵与要素。

三个服务涵盖了体育的基本面，不仅是社会对体育院系的基本要求，也是师范大学体育院系生存与发展的根本所在。因为服务的需要和可能本质上是对人才的需求，而体育人才的不断需求才是我们师范大学体育院系生存与可持续发展的基础。

（4）狠抓四个落实

师范大学体育院系的可持续发展要以发展过程中的各个环节为工作的出发点和落脚点，毕竟，将可能性转化为现实性还有一个漫长的过程。我们将各项工作加以综合，可以看出，我们目前和将来相当长的一段时期内的工作主要是抓好四个落实：其一是落实好科技兴体。科学技术是第一生产力，科教兴体是体育院系的根本保障和动力源，师范大学体育院系科技相对落后的局面与科教兴体的巨大而持久的需求，要求我们必须调动管理的、经济等等一切因素，加大投入，加快产出，加速转化，加大和发展不可替代性的广度与深度。其二是优化和落实各项计划。可持续发展是战略性的发展，必须落实到战略步骤的各项计划当中。从当前的情况看，应当重点落实师资培养和引进规划，加快改善师资学历结构，优化专业发展规划，开拓适应市场发展需要的新专业，以人才培养计划的实现为核心，将各项计划工作加以落实。其三是形成和落实具有自身特色的产业规划。当代体育意味着巨大的商机。2008 年北京奥运会的成功举办更是为中国体育产业发展注入了新的活力，高等教育的产业化发展如火如荼。然而，我国师范大学体育院系形成与实现了体育产业规模化发展的情况实属罕见，这极大地制约了高等体育教育的发展。产业发展的规划与落实，既是体育院系发展的强大经济基础，也是可持续发展活力的重要体现。其四是改善和落实各项办学条件。我国师范大学体育院系的办学条件并不突出，尤其是近几年来，招生人数连年增加，导致办学条件落后的问题更加突出。显然，落后的办学条件根本无法满足新世纪下培养高级专业人才的需求，所以体育院校应该以争取有效的财政支持和社会资助的基础，开拓思路，走联合办学、开放办学、借鸡下蛋、多元发展的道路。

第二节　教育管理体制理论

教育管理体制：体制包括体系和制度，教育管理体制是有关教育工作组织领导和管理方面的制度，包括教育行政管理和学校管理。主要规定实施教育管理的组织系统、原则、方法程序等。反映国家对教育生活的调控和干预，以及教育的领导权系统，是一个国家教育事业发展的组织保证。

学校领导体制是指学校内部领导和管理的根本制度。是学校管理体制的重要组成部分，包括领导和管理学校的组织原则、组织机构及重要制度。

教育管理体制是有关教育工作组织领导和管理的制度，包括教育行政管理和学校管理，教育管理体制主要规定实施教育管理的组织系统、原则、方法和程序等。反映国家对教育生活的调控和干预，以及教育的领导权系统，是一个国家教育事业发展的组成保证。另外从静态意义上看教育管理体制是一种教育系统内的组织体系，从动态上而言又是一种运行机制，两者构成统一体。作为一个统一体，教育管理体制的功能体现在四个方面：一是领导功能与指挥功能同时存在，教育管理体制的变化更容易引起其他环节的变动，因此将来的管理体制必须体现出与地方力量、学校之间的互动关系，只有引导学校积极参与，才能以更大的热情投身于教育管理实践中。第二，权力分配功能，教育管理体制要协调中央与地方、教育行政执法机构与学校之间的关系，二者之间的关系并不仅仅是权益分配的关系。参与教育活动的各个主体在严格执行教育管理体制的条件下，按照一定的流程来进行，各参与主体的权利与义务必须首先明确下来，否则会影响到正常教学活动的开展。第三，分工协作功能。各教育管理参与主体在教育领域承担自身责任的外在表现出来，而且它们之间也能够体现出彼此的密切配合。关于这一点，组织管理学家巴纳德提出："某一群体系统中的参与各方要遵循协调一致、合理分工的原则，各部门要积极承担责任，名主体的职能权限范围要明确。"第四，提升效率的功能。之所以对教育管理体制进行研究和调整，主要原因在于需要遵循效率原则。不管是哪一种组织结构，都必须以效率原则为依据，如果与效率原则相脱离，教育管理体制的改革就会失去应有的价值。显然，教育管理体制的意义和功能，主要是希望通过教育的组织机制运行，经由科学的管理，找出最适当的中央与地方权限的划分及教育事业的分工协调，通过适当的领导提高教育管理的效率。

一、我国教育管理体制的沿革

我国政权成立初期，为在最短时间内掌握教育管理的主导权，对各级各类学校和教育设施，采取保护政策，并且逐步由政府接管，至今学校教育管理的体制经过多次变革，下面分为教育行政管理和学校管理两个部分来看各阶段的改变。教育行政管理的沿革部分，我国教育管理体制的发展，经历了以下几个阶段①。

（一）教育行政管理

（1）1949~1957 年强调统一领导，实行以中央集权为主的"条条"管理

1952 年，教育部出台了《小学暂行规程（草案）》和《中学暂行规程（草案）》，两个方案规定：市、县政府统筹设置中小学，要根据具体情况确定是否变更和学校性质以及是否停止办学。市、县教育局统一领导公办和私立中小学，逐步将各类学校收归国有，建立由政府投资和管理的公立学校，到 1957 年，基本上已经建立以国家为单一办学主体和政府直接管理学校及其他教育机构为特征的统一领导教育管理制度，将整个教育事业纳入国家计划管理的范畴。

① 萧宗六. 基础教育改革研究 [M]. 北京：人民教育出版社，1996：42-45.

（2）1958~1962年强调权力下放，实行以地方分权为主的"块块"领导管理

国务院在1958年提出：各级学校有权自行决定教育活动的开展，地方自主决定学校的性质，可以为公办学校，也可以为民办学校。逐渐放宽教育管理体制的限制，与此同时，地方教育管理机构被赋予更多的管理权限。20世纪50年代末，继续创办公办全日制中学和小学，所有的公办中等学校接受县级政府的管理；全日制公办小学的管理工作由公社直接承担起来，而生产大队则负责管理民办小学。贯彻落实文教财务领导管理体制过程中应遵循"统一领导、分级管理、条块结合、块块为主"的原则，目的是激发各参与主体的工作热情。后来，由地方政府自行确定是否设立公办中小学和民办中小学。

（3）1963~1965年又强调"条条"为主，实行统一领导、分级管理

1963年中共中央转发《全日制小学暂行工作条例（草案）》，并提出了各地严格试行的要求。该草案重新对中小学领导管理体制做出了调整："由国家出面创建全日制小学，并由地方教育行政机构对其进行统筹管理。如果部分地区远离城市，可以授权由人民委员会或人民公社代为管理。""县人民委员会批准之后才可以设置学校，学校停止办学也同样需要上报县人民委员会，批准之后方可执行"，由此来看，这一时期又回到了条条为主的中央集权领导。

（4）1966~1976年管理体制因受"文革"破坏而处于混乱时期

1966年以后的十年"文革"时期，原先已经逐步建立起来的中小学领导和管理体制遭到极大的破坏，各地农村普遍将小学下放到大队管理，许多城镇小学由工厂接办，一些大城市的小学由街道办事处领导和管理，后来才由"革命教育委员会"领导，但是"革命教育委员会"对教育事业的领导管理无章可循，一片混乱使得教育事业受到严重的摧残。

（5）1978~1984年拨乱反正恢复"文革"前的强调权威的统一领导、分级管理

"文革"之后，教育部做出了如下规定，即由县市教育行政机构对全日制小学进行统一领导、统一管理。县教育行政机构有权领导社队创办的小学，可是一般由社队管理具体事务。

（6）1985年迄今改革教育管理体制，简政放权，实施地方分级管理

基础教育管理权由县教育行政管理机构所掌控，根据"地方负责、分级管理"的原则，中央只决定教育方针的调整以及宏观远景的规划，地方全权负责其他各项事务。1986年，国家出台了《义务教育法》，首次将教育管理机制上升到法律的层面，即"在国务院的领导下，按照地方负责、分级管理的原则管理各项义务教育事务。"发展到现在，教育上的具体事项交给地方政府

负责，突显出地方在教育事业发展过程的主导地位，确立了中小学领导和管理体制的基本原则和改革方向。

从整体上看，我国教育管理体制是倾向于中央集权的，但是经过上述多次改变，我国教育管理还是逐渐由中央集权转变为地方负责、分级管理的体制，地方政府不再只有执行权。中共中央下放教育管理大权，实行"条块结合"（即中央集权和地方分权相结合）的新体制，在 1958 年发布了《关于教育管理权力下放问题的规定》，将中央的某些决策权下放给地方。实行多层的责任制，但是由于部分地方领导人员素质不高、教育经费的短缺、权力过于集中统一，因此权力下放之后不久也出现了严重滥用权力的现象，中共中央不得不把已经改变的教育管理方式，再次走回原来的路，所以在多次变革中，重点仍是在中央与地方教育主管间的权限划分，各级教育单位教育工作的执行与分工。

（二）学校管理

学校管理的沿革部分，我国学校教育的领导在《中共中央关于教育体制改革的决定》颁布之前，我国学校内部管理体制围绕着中央党政联系和中央集权的两项前提之下形成六种管理体制加上 1985 年之后的校长负责制共分为七个阶段①，下面加以详述：

（1）校务委员制（1949~1952）

建国初期，取消国民党的学校管理方式，各地学校实行校务委员制，由中共中央委派校长，校务委员由进步的教职员工和学生代表组成，接受党的领导，此制度在当时发挥了维持学校秩序的功能，但同时也容易产生极端民主和工作无人负责的现象。

（2）校长责任制（1952~1957）

经中共政务院批准，教育部于 1952 年针对中小学领导机制做出了详细的规定，即实行中小学校长责任制，由校长对学校各项工作进行负责，一般来讲，常常通过政府委派的方式产生校长，校长对政府负责，每当学校出现重要问题，最终由校长做决定。此时期的中小学领导体制是对校务委员制无专职人员负责校务的情形提出改进，改变学校工作没有负责人的情况，但校长责任制因为没有建立相对应的监督体制而造成校长逐渐主观独断的现象。

（3）中央党支部领导下的校长负责制（1957~1963）

1957 年到 1961 年反右斗争之后，对校长负责制采取了否定，1958 年根据

---

① 李彬，萧远骑，张登华. 邓小平教育理论与基础教育改革策略 [M]. 南京：南京师范大学出版社，2000：56-60.

中共中央国务院《关于教育工作的指示》，中小学普遍建立党支部，实行党支部领导下的校长负责制，加强中共党中央对学校的领导，但出现党政不分，以党领政的现象，限制了校长的职能，未能发挥行政机关督导的功能。

（4）在当地党委和教育行政部门领导下的校长负责制（1963~1966）

1961年至1966年随着党中央批判1958年至1960年大跃进中的错误，在我国各项建设事业中提出了"调整、巩固、充实、提高"的八字方针，并要求认真贯彻执行，1963年颁布《全日制中小学暂行工作条例》规定"校长需要在当地党委以及教育行政主管机构的影响下全权负责学校各项工作""学校党支部有权监督学校行政工作"。显然，校长负责制明确了学校党员干部与行政干部之间的职责范围，冲突减少，行政机构能够发挥较好的教学支援功能，而落实以教学为中心的学校领导。但是由于在"左"倾影响没有完全褪去的同时，在片面强调阶级斗争的情况下，党政不分，以党代政的问题仍然无法完全获得解决。

（5）革命委员会制（1966~1978）

"文革"十年的动乱期间，领导体制紊乱不堪，以阶级斗争为领导的方式，将校长改为主任，接着工宣队、军宣队、贫下中农管理学校，后来成立革命委员会，取消以校长为首的行政组织机构，学校由革命委员会管理，破坏了逐渐建立起来的学校领导体制。

（6）党支部领导下的校长分工负责制（1978~1984）

1976年10月粉碎四人帮后，逐渐恢复学校的正常秩序，中共教育部于1978年修改《全日制中小学暂行工作条例（草案）》，学校的领导管理体制基本上恢复了1963年《全日制中小学暂行工作条例》的有关规定。中小学实行校长责任制，校长工作中必须接受党支部的领导，党支部讨论决定学校重大问题。此一体制的此一体制的职权与责任不统一，不符合管理学的原理，而且在校长之上又加一层管理层，削弱了学校组织管理的效能。

（7）校长负责制（1985年至今）

1985年5月，中共中央颁布的《关于教育体制改革的决定》指出："越来越多的学校实行校长负责制，如果学校条件允许，可以设立校务委员会，这是学校的审议机构。建立起完善的教职工代表大会制度，该制度的参与主体主要是教师，目的是帮助教师形成民主意识，加强民主监督。学校党组织不能再像过去一样大包大揽，要将更多的精力放在党建工作中，积极开展思想政治教育工作，保证和监督党的各项方针的落实和国家教育计划的实现。"从此校长负责制一直发展至今。

纵观我国学校教育管理体制的演变过程，最重要的部分在于处理中央和地方的管理权限问题，无论是地方或中央某一层级的组织，集中过多、管得过紧，还是中央和地方各级向下放权不当，或者是过于强调教育行政部门的垂直管理，都会影响中小学教育的发展。因此总结了过去的经验，在教育管理体制的改革方面，应从宏观角度加大管理力度，必要时权力下放，增强学校在办学过程中的自主性，优化教育结构、改革认识制度。

二、我国教育管理体制的现况

1985 年至今我国教育管理体制的改革主要是管理教育事业的权限在中央和地方政府（省、市、地、县、区、乡各级政府）之间重新划分和对政府及其他教育机构之间的关联重新确定的问题，由此而导致政府职能的转变以及管理手段、学校运作方式等方面的变革①。我国学校的管理体制从 1985 年以来基本上已经建立由中央统一领导、地方负责、分级办学和管理的体制。由地方负责的教育管理体制，指的就是最大的方针和全国整体的宏观计划由中央制定，例如基本学制、课程设置、教学大纲、学校的员额编制、教师资格等；具体的政策措施、制度规定、未来前景的设计以及领导、管理与检查学校的权力都交由地方教育单位，也就是省（自治区、直辖市）政府可以确定本地区的学制、年度招生规模、编制本地区的教学计划、选定和审编教材等；市、县（区）或乡（镇）教育行政部门则是基本教育各级学校的主管机关，在城市（不包含直辖市），一般市或区负责本地区中小学的发展规划、筹措经费并对师资和中小学直接管理；在农村，则由县或乡镇直接管理学校的布局、经费筹措、学校基本建设等。因为权力下放后，工作适度的分工，的确带动了学校教育事业的发展，但是在执行期间各地区也产生了不同的问题。

（一）教育行政管理现况

从基础教育来看，我国坚持"地方负责、分级管理"的原则，并设立了相应的管理体制。国家负责颁布基础教育方针、政策，设计基础教育发展规划，设置课程体系以及颁布课程标准；成立专项补助基金，为少数民族地区、经济落后地区提供发展基础教育的资金；监督省级教育工作。省级政府负责制定所在区域的基础教育发展规划、实施计划，审定并选择教材；评估、监督本区域的基础教育工作进展状况。地市政府以中央政府出台的方针、政策为依据，统筹安排义务教育的开展，并为其提供相应的指导。县级政府的主要责任是组织义务教育正常开展，如调配中小学校长、中小学教师的管理和指导等都

---

① 金一鸣. 中国特色社会主义教育研究 [M]. 济南：山东教育出版社，1998：165.

由县级政府负责。乡级政府主要负责义务教育的落实工作，如果经济发展条件良好，县乡便可以承担起义务教育经费。

从我国学校领导管理体制来看，地方政府应以中央颁布实施的方针政策为依据，统筹管理，严格按照"分级办学、分级管理"的原则处理事务。全日制中小学一般由县（市属区）教育行政部门统一管理，这有助于加强教育、体育之间的联系。中央要求县乡两级政府要把教育纳入当地经济、社会发展的整体规划，同时还要求积极推进农村教育、城市教育的综合改革。

（二）学校内部管理现况

学校内部的管理体制目前发展重点放在调整政府与学校关系上，适当增加学校办学过程中的自主权，实行自主经营机制；另外，通过改革用人制度、领导制度、管理制度以及分配制度，构建健全的教师聘任制、岗位责任制、校长负责制、工作评价制等，使学校内部各组成部分协调运行。

（三）教育经费管理现况

国务院在 1984 年初发出《关于筹措农村学校办学经费的通知》，决定除国家发给的教育事业经费外，乡人民政府可以对农业、乡镇企业征收教育事业费附加，开始将多渠道筹措教育经费的制度化建设提到议事日程。

1985 年《中共中央关于教育体制改革的决定》中指出："发展教育事业不增加投资是不行的"，也规定"地方拥有基础教育管理权""遵循地方负责、分级管理的原则，并设立相应的制度"，地方可以增收教育费附加，用于改善基础教育的教学设施。从此中小学教育经费纳入地方预算，由地方财政拨款，中央实行专项补助，同时，还确定了地方政府教育财政投入要在财政经常性收入增长额之上，而且学生的平均教育费用也在逐渐增加，这就是前文提到的"两个增长"。

1986 年《中华人民共和国义务教育法》规定，在城乡征收教育事业费附加，主要用于实施义务教育，将多渠道集资的教育经费纳入法制轨道，1992年国务院颁布的《义务教育法实施细则》明确规定："依法征收的教育费，由县及以下人民政府全面负责，这部分费用主要用于支付教师工资、国家补助，也可以用于学校条件的改善。"

1994 年国家实行分税制以后，《国务院关于征收教育费附加征收问题的紧急通知》规定，城市教育费附加率提高到 3%，继续与增值税、消费税同时缴纳，分别由国家税务局和地方税务局负责征收。

1995 年颁布实施的《教育法》规定"国家财政教育经费支出在国民生产

总值中所占比重不是固定不变的，它会随着经济的发展以及财政收入的增加而上升。""国务院规定具体的比例和流程"。我国教育经费主要来源于政府财政投入，也有少量教育经费来源于其他渠道，国家和社会各界力量对增加教育投入的认识越来越深刻，大大推动了教育的健康发展 ①。

根据我国教育部公布 2001 年及 2002 年"全国教育经费执行情况统计公告"资料显示，"2000 年全国财政收入为 13395 亿元，比上年增长了 17.05%，全国预算内教育拨款增长速度低于财政收入的增长速度 2.18 个百分点。""2001 年全国财政收入为 16386 亿元，比上年增长 22.33%，全国预算内教育拨款增长速度高于财政收入的增长速度 1.48%"。由此可以看出，教育拨款直到 2001 年才开始呈现正增长的状况。其中，最具争论性的问题是，增长比例多少才合理？国务院组织教育工作研讨小组研究教育问题，结果综合各方面的意见为："教育经费占财政支出的比例，全国不低于 15%，省不低于 20%。"现行的教育经费管理几乎和教育行政管理同步进行改革，教育经费管理逐步由中央政府的集中转变为中央政府调控、中央与地方政府分级管理的体制；从经费和预算平均分配或非透明的拨款模式开始转向注重投入效率、鼓励办学质量和效率的拨款方式；从单一政府财政投入转变为以政府投入为主的多渠道教育经费筹措体制；从供给式和福利型教育财政到采取义务教育成本分担方式。

(四) 农村教育管理现况

从 20 世纪 90 年代中期开始，我国开始推行"分税制"，并开展了农村税费改革，而且教育管理体制的权限下放引起许多财力有限的地方乡镇，出现难以维持义务教育发展的情况；学校必要的办学经费得不到保障，于是向农民征收"教育费附加"致使农民负担过重，拖欠教师工资，学校房舍失修的情况也日益严重，李鹏在 1994 年全国教育工作会议报告中说："中央、省市、县乡在基础教育管理中的责任必须首先明确下来，适当调整县乡的分级管理。经济条件相对发达地区的农村基础教育工作由县乡共同承担，而其他地区的农村基础教育工作则由县政府独自承担。"由于贫困地区的教育经费无法保证，因而县级政府必须承担起统筹管理教育经费的责任，县级以上政府还要设立改善基础教育设施条件的专项基金。各级政府要想方设法筹措教育经费、足额发放教师工资，这不仅是各级政府的责任，同时也是它们的义务。国务院在 2001 年指出，我国实行以国务院为领导的、"以县为主"的管理体制。但是"以县为

---

① 李彬，萧远骑，张登华. 邓小平教育理论与基础教育改革策略 [M]. 南京：南京师范大学出版社，2000：24.

主"的管理体制是在"税费改革"前提下推行的，乡镇政府在县级政府的领导下，全面负责义务教育的实施和管理，它们是基层乡镇行政主体。不管乡镇教育管理机构由哪些人员组成，它仅仅是乡镇政府职能部门之一，该机构必须对乡党委和乡政府负责。国务院办公厅还印发了《关于完善农村义务教育管理体制的通知》，转发各单位，采取措施贯彻落实。教育部也相继在不同地区设立了农村义务教育管理体制月报制度。

（五）城市教育管理现况

最近几年，城市教育管理体制发生了很大的变化，政府大包大揽的情况不复存在，可是由于教育资金来源渠道以及经济主体具有多元化特征，所以教育管理体制面临着前所未有的发展状况。当前城市教育管理体制的实施重点体现在三个方面：第一，构建健全的市县级政府教育管理体制，明确不同主体的责任，使其适应经济发展的状况，满足城市行政管理区划的具体要求；第二，政府统筹管理，政府各机构以及不同等级的教育部门权力与责任的划分要明确，坚决不能在教育管理中出现胡乱收费、胡乱组织学习班的事件；第三，教育主管机构要摒弃落后的管理方式，教育管理中不能完全依赖行政手段，而是要保证教育管理的规范化和法制化。要做好调查研究工作，查阅相关资料，既要对教育形成深刻的认识，还要对经济市场展开深入分析研究，发现和讨论其中普遍的、重要的、关乎全局的问题。在改革办学体制过程中，既要倡导社会积极参与，实现办学主体的多样化，还要不断摸索有效的办学途径和办学手段，以积极的态度对待经实践证明了正确性的经验和做法，如区级政府统筹管理基础教育，由专门的教育机构根据互惠互利的原则全面负责学校的招生、考试、管理等各项工作，建立"两级办学，两级管理"制度等，都是出色的改革经验。

三、学校外部管理体制的特点与问题

我国的教育行政制度，是指国家或政府组织、领导和管理教育事业的体系和工作制度。简而言之包括体系和制度两方面。虽然我国教育行政组织一般分为中央、省级、地市级、县级、乡镇级等，但其教育行政却并非通过中央到地方各级教育机构垂直实施，而是透过各地人民政府及其教育机构实施。因此中央和地方教育行政机构的体系和工作制度，不等于教育体制的全部。因而，对于权限划分的关键问题，不仅存在于各级教育行政机关之间，更存在于各级人民政府间。目前除了各级人民政府设有教育行政机关外，各企、事业部门也设有教育行政机构，领导和管理本系统本部门的教育事业。

就各级教育管理体制而言，中央原设有教育部，1985 年以后改为国家教育委员会。1998 年国家教育委员会改组为教育部。至于地方、省级原设有教育厅、局，但 1985 年后，则纷纷改设教育委员会。地市级原设有教育局、处，但 1985 年后也改为教育委员会或局。县级原设教育局，目前则改以教育委员会为主。至于乡镇级，则由乡镇长主管，其组织形式不一。

就各类教育而言，在教育事业经费管理体制方面，由以往"中央统一财政，三级管理""条块组合，以块为主"，到现在"划分收支，分级包干"的财政管理体制。至于各级学校的领导管理体制也历经多变，全日制学校，一般由县（市属区）教育行政部门统一管理。省地两级教育行政部门分级管理。基础教育，则是实行"地方负责，分级管理"的制度。

有关各级学校行政管理体制，均历经多变，目前中小学是采取"县长负责制"，虽然我国教育行政机关分为五级，但彼此之间与运作方式，并不只限于纵向关系，尚包括与同级政府各部门、人民代表大会、党组织以及上级政府相关部门、人民代表大会、党组织间的纵横关系，因此可以说是错综复杂。

（一）我国学校管理体制的特点

（1）中央统一领导、地方负责、分级办学和管理

中共中央 1985 年颁布《中共中央关于教育体制改革的决定》确立了基础教育采取"地方负责、分级管理"的原则，是一种以中央集权为基本原则，中央管理与地方管理适当结合的制度。经过多年推行办学教育行政管理地方化。要地方化办学教育必须适应地方经济和社会发展的需求，加强社会的参与，但是由于我国幅员广大、经济和文化发展不均衡，因此实行地方负责、分级管理，必须根据实际状况，分阶段、有步骤地因地制宜力求办学实效，在办学形式和管理方法上，允许各地区学校在同一的原则指导下，发展不同的特点，使办学与社会的生产、生活需求相结合，因此在办学主体、办学形式、课程以及教学计划上，让各学校有自主的空间。

（2）我国学校数量众多，分布的地区分散且广大

依据历年教育部的"全国教育事业发展统计公报"，可以得知我国学校数量众多，其中又有大部分的学校设置在县镇和农村，分布在地广人稀交通不便的地区。由于所处的环境在经济、政治、文化以及自然地理条件上的差异加上学校类型以及内部条件的差异，增加了学校行政管理的难度。

（3）农村学校教育实行"以县为主"的管理体制

国务院办公厅印发了《关于完善农村义务教育管理体制的通知》，转发各单位，采取措施贯彻"以县为主"的管理体制。主要是将"农村小学教育的责任由原先的农民为承担主体转变为以政府为责任承担主体，县一级政府成为

农村义务教育的主要责任人”，因此在政策实施的进程中，我国拖欠教师工资问题得到了一定程度的缓解，乡镇教育机构也开始大幅减少，更多的教育资源在县级政府管理下得到了更为有效的配置。各级财政对农村义务教育的投入不断增加，实现了农村义务教育投入以及管理等都开始转向以政府承担为主的方式，并且促进了政府职能的转变和公共财政体制的建立。

（4）学校教育经费由政府单一负担转为多渠道集资政策

我国在20世纪80年代中期以前，学校教育几乎由中央办学，教育经费主要来自政府拨款，在市场经济体制改革下，我国国家财政也日趋困窘，因此教育投资分担的共识逐渐形成而发展出“财、税、费、产、集、基”多渠道集资政策的制定与运行。其各个渠道如下：“财”是指以国家财政拨款为主，也就是国家财政预算内的教育经费拨款。“税”是指各级政府征收用于教育的税费。“费”是指收取学生的学杂费收入。“产”指的是各类中央和地方企业，并在企业常规经营资金之外列支的各级各类学校的经费，包括国家预算科目内的校办产业、勤工俭学、社会服务收入中专项的教育经费补充部分等。“集”指的是当地政府、企事业单位、社会人员、外籍团体等各类力量为办学所给予的资助与捐赠等。“基”是指设立教育基金。

（二）我国学校教育管理体制所面临的问题

我国学校的教育管理体制自1985年实施简政放权，强调地方分权管理以来，在实施的过程中面临了以下几项问题：

（1）各教育行政机关之间，职权分工不明确，阻碍教育管理地方化

中央和地方分级教育行政机关联系不畅通、各级政府与教育行政部门的教育管理职权分工不明确、教育行政部门与学校之间的联系不足，使得政府职能无法由微观的直接管理转向宏观的间接管理，而达到逐步简政放权。

（2）隶属联系多样，管理机构设置不一

目前虽然办学的权责交由地方分层负责，然而又隶属不同的学校，不同的办学主体、企业、社会财团、私人兴办管理的学校，在学校管理人员的配置及行政管理机关的设置，都会因这些不同的情况而产生差异，因此如何使学校行政管理发挥最大效率是当务之急。

（3）农村以县为主的教育管理体制尚未全面落实

要想做好农村教育的改革，就必须要敢于碰壁原有的利益格局，在这一过程中必然会遭受到各种阻滞，甚至是冲突，导致农村教育职责界限模糊，许可权不清晰等问题，加之，长期以来农村教育管理的不规范性和科学性差、效率低等问题的存在，导致农村教育长期处于发展滞缓、落后的状态。从行政管

理层面来看，各级教育行政部门机构重叠、职能交叉、人浮于事，基层行政部门责任意识差，办学管理水平低下，农村基础教育的投入与产出往往取决于领导的重视程度和管理水平，发展极其不稳定。很多地区乡镇一级的教育管理机构不健全、力量薄弱，市、县教育行政部门责大权小，对乡镇教育的管理也鞭长莫及，管理混乱。这些问题和弊端，严重影响农村体育教育的发展。

（4）农村的教育经费管理体制改革无法全面落实，拖欠教师工资的情况仍然存在

1980 年中央财政体制进行改革后，中央与地方财政开始"分灶吃饭"。原来由财政部门与教育部门一起下达教育事业费支出指标的管理体制改变了，中央的职责只在宏观的控制与规划，对于地方教育经费因地制宜的权益弹性调度或无度无法监督，教育事业费的拨款也分别由中央和地方两级不同的单位分权负责。中央和地方政府预算内拨款的增长、各级教育平均预算内费用支出增长和各级教育平均预算内公共经费支出的增长，这三个增长都无法确实的投入农村的小学教育，造成农村小学教育经费短缺，许多地方仍然存在拖欠教师工资的情况，从而造成师资外流，使得教育品质更加的低下。

（5）中小学体育教育非均衡发展的情形日益严重

随着我国经济体制的改革，收入的差距，使得社会结构开始变化，所以中高阶层的发展与壮大，促使体育教育改革的脚步加快，也使得办学主体呈现多元化，以符合中小学体育教育品质的要求，所以不同的市场需求以及体育教育经费的投入，加剧了中小学体育教育资源的悬殊差距，因此，我国中小学体育教育出现了不均衡的发展模式，随着市场经济的逐渐蓬勃，中小学体育教育非均衡发展的情形有日益严重的趋势。

（6）基础教育出现应试化教育效应，难以落实学生体质促进的培养

虽然已经取消了初中入学测试，但是普遍存在的为了考上明星学校，文凭至上的应试教育文化普遍存在，因此在小学阶段仍然会出现为了达到进入好的中学为目标，而主导学校的办学目标及方向，失去小学教育应该为基础和知识教育打好根基的重要教育目标，更难以落实学生体质促进的培养。

四、学校内部管理体制的特点与问题

学校是有目的、有计划、有组织地进行系统体育教育的专门机构。因此，学校进行体育教育活动的历程中，易受到国家教育管理体制和学校内部体制的领导和管理。学校是进行体育教育活动、实现体育教育目标最基层的机构，随着社会快速的发展，对学校期待与需求也跟着改变，因此学校的事务与功能也日益的复杂且多样，因此有关学校内部管理体制的理论探讨与相关研究也相对

增加，更因为必须以开放和多元的观点来看学校的内部管理，学校管理也因时代社会结构的改变，而产生不同的管理方式。

（一）学校内部管理体制的特点

（1）实行校长负责制是目前学校管理体制的重要核心

所谓校长负责制，就是校长对政府主管部门承担学校管理的全面责任，校长是学校法人代表，对外代表学校，对学校教育及其他各项工作实行统一领导、全面负责。目前现行校长负责制赋予校长的管理权力包括：决策指挥权、干部任免权、奖惩权、财经权等。校长负责制应该被认为是一个结构性的概念，校长负责制作为一项学校基本管理体制，是学校领导管理体制改革的要求，建立的目的是要充分发挥校长及其职能部门作用，形成科学的领导机构，改革的关键是实行党政职能分离。

（2）实行教职工聘任采取民主管理

实行教职工聘任制是学校劳动人事制度的重大改革，改革的目的在于实行双向选择，建立动态具有激励、竞争功能的新型人事制度，使学校有用人权，教职工也有选择学校和岗位的权力，让教职工的聘任制更朝民主化发展。

（3）实行学校劳动分配制度的改革，推展结构工资制

在学校内部实行结构工资制，对教职工工资采取分级管理，将工资分配自主权下放给学校，一般校内结构工资由基本工资、教龄津贴固定工资及课时津贴、职务津贴和职工岗位津贴、奖励工资等可变部分所组成。打破同工同酬的传统思维，让教职工根据实际职务责任的高低、工作表现及实际工作的时间而决定每人应该获得的薪资，更激励了工作的动力，提高学校的效能。

（4）党组织由过去直接领导转变为保证监督

校长负责制的实施改变了原学校党组织的职能，党组织由过去直接领导转变为对学校工作的保证监督，也就是监督和保证党的政策、方针、路线在学校能贯彻执行，确保学校没有违反社会主义的方向，如此一来学校的党组织不再管理学校的日常的行政事务工作，而只是专心地做好政治的核心作用和保障监督的工作。

（二）学校内部管理体制面临的问题

在现行学校内部管理体制改革的过程中，最主要的是扩大校长的办学权力，自主聘任教职工的权力及学校内部分配的自主权等，因此在改革的过程中出现以下几项问题：

（1）实施校长负责制无明确的法律依据与合理的监督制约机制

在《中共中央关于教育体制改革决定》和《中国教育改革和发展纲要》中明确地规定中小学实行"校长负责制"，但在教育基本法中《教育法》只提到"由校长负责学校的教学及其他行政管理"的条款，并来明确的定义校长负责制，因此从法理学上来说校长负责制无明确的法律依据，更由于对校长的授权具有模糊及弹性的空间，但对学校的权力规定在教育法第28条中又非常明确的列出，也因此造成校长的权利如果真正的落实，则会有很大的办学自主权，所以必须要有相对完整的监督机制，才能防止校长滥用职权。

（2）学校劳务分配制度改革的合理性与配套性问题

在解决学校劳动分配制度的过程中，太过于强调教育劳动的质量与收入分配的相关性，而忽略了在教育领域中，应该有别于一般的劳动工作，学校教育是属于精神活动的，所以单纯地以物质利益作为激励士气的动力是不足的，必须考虑到教师的需求，不仅要求教学的品质，对教师操守的培养及激励也非常重要，要能有教育的使命感，所以必须合理地改革学校的劳动分配及拟定周详的配套措施。

（3）办学自主权扩大，如何规范学校将教育政策落实于学校教育中，依法治教

要加强学校教职工的法律素养，理解相关的教育法规，并且养成依法行事的态度，才能推展教育政策，依法行政、依法治校，随着市场经济体制的发展，教育体制中垂直的教育行政单位关系正开始转变为横向的平等关系，因此更需要许多的法规来帮助厘清彼此的权利与义务关系。

（4）社会价值改变造成师资不足

社会富裕之后，对教育品质要求提高，当中影响教学品质最大的应该是教师，但因为教师的待遇在我国仍然偏低，在经济发展后，优秀的教师人才转任政府机关、私人企业的现象非常严重，造成人才流失，在偏远及贫困的地区聘用民办教师的问题也相当严重。

（5）中小学学生人数减少，学校面临招生不足及教师人数过多的压力

因为人口结构的改变，中小学学生人数逐年递减，加上办学主体多元化的发展，许多学校已经面临招不到学生的窘境，办学的竞争压力更趋于白热化，因此出现教师人数过剩必须采取适当的分流措施，才能解决师资过剩的现象。

第三节　体制性障碍理论

2009 年 12 月，经济学家吴敬琏就曾在"《财经》年会 2010：预测与战略"上指出，转变经济增长方式观点已提出 10 多年了，为何一直未见成效，主要是因为法治市场经济体制未建立，目前"体制性障碍"仍未消除，技术创新面临重重困难。此后，体制性障碍，演变成一个公共性的词汇，它可以适应的领域很广泛，比如有卫生系统的体制性障碍、有教育系统的体制性障碍、有民营经济的体制性障碍等。它的集中表现在如下两个方面：首先是社会资源的配置职能主体是谁的问题，是市场、权力在发挥着社会资源配置作用，还是价值规律和供求规律等在发挥着社会资源配置作用；其次是在市场准入、财税制度、金融体制、公共服务、政府监督等多个方面也存在一定障碍，各种障碍交叉存在是导致许多地方经济长期得不到发展的根本原因。现实中，政府对微观经济管理过多、过滥的职能错位、越位，是束缚生产力发展最大的体制性障碍。我们知道，任何一种体制，不仅是它的目标、结构、过程，甚至是内容和方法，都有可能受到两种因素的影响：一是外在因素，即社会经济和文化条件的冲击，二是内在因素，也就是体制本身的活力。

一、问题意识形成

结构功能主义者主张社会为一个有机体，由许多部分组成，这些部分构成了社会结构，社会各部门为了社会整体生存做出贡献，而这些贡献被称为功能，结构功能论者认为这些功能有助于整体结构和谐运作，就像人体的器官一样相互依赖，促进社会和谐。对于学校而言，其最主要的功能是教书育人，为社会培养合格的人才，促进社会发展，强调社会整合，共同的价值观念与社会稳定。

而冲突论者认为并不是由社会功能来分析社会体系，基本上认为这是一种倒为因果的概念，认为社会是由对立、冲突、变迁等过程到进步，冲突论者分析社会秩序的问题，强调社会关系的强制性与社会变迁的普遍性，学校的功能由某一社会优势团体掌控，传授的知识则为其所服务，运用学校来灌输某种价值、信念或意识形态，延续优势团体的优势，形成不公平的社会再制现象。教育体制的改变与社会变迁息息相关，教育体制与社会之间的关系是密不可分的，社会、政治与经济的变化，冲击教育现场，而教育体制的改变也影响社会环境的变迁。

　　几年来我国的学校体育政策与发展处于动荡的局面，旧体制中遗留未解的问题，新政策又造成新的问题，交杂于学校体育事务之中。从学校体育改革到新课改，学校体育教给学生的知识内容不再只是学校体育体制内的议题，更多是不同背景与主张者的角逐下妥协的结果。就学校的本质而言，传播知识文化以及提供学生社会化的机会等任务似乎普遍受到认同，然而学校所传授的知识为官方知识，代表的是合法知识，而学校体育也是教育的一环，学校体育与社会的关系如何？社会如何影响学校体育？这些都是我们感兴趣的议题。

　　体育的目的为何？受到西方思潮的影响，如 Apple 对权力与教育的论述①、Bowles 与 Gintis 的符应论②、Bourdieu 的文化再制③、Bernstein 的符码控制④以及 Giroux 针对教师的抗拒提出的转化型知识分子⑤等概念，这些学者，影响了国内教育并针对教育现况提出反思，以冲突论、批判论与知识社会学的观点，从宏观或微观的角度分析教育现况，去探寻课程选择、类别、传播以及评价等多种教育行为与公共社会之间的关联，以此来刻画社会权力分配的根本状态，依据各自的标准，优势阶级安排并运用教育情境灌输某种意识形态，形成社会阶级再制。这些论点由马克思主义出发，透过经济的角度进行教育现况再制现象的批判，仅站在自身的立场提出意见，忽略了教育与知识生成影响因素的多元性。虽然体育为人类教育的一环，但除了体育非升学考试科目，仅被认为是轻松的游戏活动时间之外，也可能容易被认为涉及国家认同等意识形态的部分较少，但体育为身体的教育，除了技能层面的发展之外，随着时间演进，学校体育的目的与教材内容也深受社会发展而影响。然而影响学校体育所传播的知识背后隐晦的体制性障碍包含哪些？这些障碍是如何生成？又如何影响了学校体育知识的选择？则有必要进一步厘清。

二、意识形态与体制性障碍

　　国家与教育制度及内容之间，也与意识形态的运作有极大的关系。

① Apple，M. W. Education and power. New York：Routledge. 1982：59.

② Bowles，S. & Gintis，H. Schooling in capitalist America：Educational reform and the contradictions of economic life. New York：Basic Book. 1976：38.

③ Bourdieu，P. Cultural reproduction and social reproduction. In R. Arum，& I. Beattie（Eds.）The structure of schooling：Reading in the sociology of education（pp. 56-68）. CA：Mayfield Publishing Company. 2000.

④ Bernstein，B. B. 阶级、符码与控制第四卷：教育论述之结构化（王瑞贤）. 台北：巨流（原著于 1990 出版）.

⑤ Giroux，H. A. Teachers as intellectuals：Toward a critical pedagogy of learning. New York：Bergin & Garvey. 1998：46.

Althusser 在 *Ideology and the ideological state apparatus* 一文中指出了国家机器传播意识形态有镇压与教化两种手段，镇压为军队、警察、法院与监狱等武力国家机器，教化则包括宗教、教育、政治等传播意识形态的国家机器，在现代社会中较少使用武力来完成支配，反而是意识形态的教化，特别是学校，成为维护社会既得利益再生产的代理机构①。我们可以发现在权威时代国家执政者传播本身信念，利用教育作为手段，对于学生产生的影响。国家不仅在知识及学校生活当中传播意识形态，从教师任用开始，权力就在影响教育，当国家在选择未来的教师时，考试的方式已经决定了未来选进来的知识分子，而且这些教师甚至已经无意识地认同某些宰制阶级的意识形态，而使知识分子潜移默化成为有机的知识分子。所谓知识分子是市民社会中传播意识形态的重要媒介，而知识分子的收编机制是统治阶级预先定制的，长期沉浸在考试科目的过程中，已经无意识地吸收了许多属于统治阶级认可的价值观，成为 Gramsci 所谓的"有机的知识分子"，被统治阶级所收编，进而将统治阶级的意识形态转化为主流价值观，成为其传播思想与价值观的工具，并达到支配与宰制的目的②。而坚守自己信念的传统知识分子，则可能永无录取之日。但对于学校体育而言，不同历史时期的意识形态如何形成，分别影响了教育及学校体育的哪些层面？

就学校体育而言，知识的生成往往受到多方面的影响，如法令、师资、场地、器材等，但这些制度深受"人"的影响，不管是政治强人的个人意志，还是政治群体的共同信念，不同历史时期的意识形态影响了学校体育的规划，无论从课程标准到课程纲要，形成学校体育经验上不同的时代。回顾过往，学校体育如何受体制的影响？由 Mannheim 的观点出发，不同历史阶段学校体育如何受到体制的影响？这些体制是如何形成的？而在这样的体制下，学校体育的内涵如何？这些都是我们亟待了解的问题。

第四节　学校体育改革与发展的配套体制

我国学校体育改革与发展的配套体制，分别由体育政策、学校体育工作安

---

① Althusser, L. Ideology and the ideological state apparatus. In L. Althusser（Ed.），Lenin and philosophy and other essays（pp. 127–186）. London：New Left Books. 1971.

② 姜添辉. 资本社会中的社会流动与学校体系——批判教育社会学的分析 [M]. 台北：高等教育，2002：159.

排、体育教学大纲的制订以及重点项目布局、初中毕业升学体育考试等相关机制组成。并在体育政策的引导下，付诸于每年学校体育工作的安排，并透过体育教学大纲的制订，与重点项目布局及初中毕业升学体育考试等机制相配合，紧密地结合在体育课内与课外体育活动，形成"目的—内容—方法"的一套系统结构，支持着我国学校体育战略的实施。不仅是国民体育的基础，更是担负起竞技体育的援助，为达成世界体育强国的主要战略之一，不容忽视。

我国自改革开放以来，致力于普遍增强人民体质，努力提高运动技术水平，积极建设精神文明，为社会主义服务[①]早已是不争的事实。同时为保证体育事业能够得到不断推进，在体育方面的经费投入逐年地增加，将体育摆放在重要的发展位置，以建设成世界体育强国，尤以奥运会为马首是瞻。由此来看，学校体育改革与发展的配套体制的重要性，更值得我们深究。

一、学校体育改革与发展战略的体育政策

我国国家体委前主任伍绍组曾说：为促进群众体育和竞技体育协调发展，必须抓好学校体育[②]。因为，学校体育肩负着为国家培养体魄强健的合格建设者和体育后备人才的重任，是教育事业的重要组成部分，是体育事业的战略重点，历来受到党和政府的高度重视[③]。由此可见，我国体育事业结构中，学校体育成为体育工作的战略重点，已是无庸置疑。因此，以下先由体育政策的推动加以说明我国学校体育发展战略的配套机制。

（一）体育政策的颁布

1976 年"文化大革命"结束后，我国随即进入改革开放的阶段，一方面积极发展竞技运动，一方面运用体育运动进入国际体育运动组织拓展国际空间。所以从 1979 年起，国家体委进行各项改革的方案，并制订许多规章、制度以及通知文件，以期奠定为达成 2000 年建成体育强国的基础。因此，在体育运动发展上，继续普及与提高的方向，1983 年国家体委提出《关于进一步开创体育新局面的请示》、1984 年中共中央《关于进一步发展体育运动的通知》提及"重点抓好学校体育，从少年儿童抓起，在增强学生体质的同时，积极开展课余体育训练。"

---

① 国家体委政策研究室. 体育运动文件选编 1982－1986 ［M］. 北京：人民体育出版社，1989：23.

② 黄少云，胡兴永. 论学校体育的战略地位 ［J］. 体育科研. 1998，17（2）：19-22.

③ 国家体委文史委员会、全国体总文史资料编审委员会编. 中国体育改革十五年——体育史料第18 辑. 北京：国家体委内部资料，1998：35.

可见那时我国已经认识到学校体育发展的重要性。随即 1985 年成立"中国体育发展战略研究会"后，确立在 2000 年成为体育强国的长远目标，强调加强学校体育战略措施，并认识到学校体育在全面发展与竞技体育运动的战略地位。为落实政策的决定，1986 年下发《国家体委关于体育改革的决定〈草案〉》，同时为达成 20 世纪末建成体育强国做准备。

1987 年"全国体委主任会议"提及要在 2000 年建成体育强国，最主要是普及群众体育和提高运动技术水平，尤其是运动技术水平是最鲜明的标志①。所以 1987 年 10 月在北京召开"全国体育发展战略讨论会"指出，围绕建设体育强国这个战略目标，从不同角度、不同层次进行体育发展战略研究，既要抓好以奥运会战略为最高层次的竞技战略，又要抓好以青少年为重点的全民健身战略，还有学校体育发展战略、体育科技战略、体育人才战略、地区体育发展战略等等②。所以，学校体育、社会体育、竞技体育三者的互动关系，使得学校体育成为体育工作的战略重点，也是竞技体育、社会体育的基础，更是建成世界体育强国的重要环节之一。

1988 年 6 月国家体委关于《体育法》起草工作研讨会指出：要加快深化体育改革，积极、放手发展体育事业，特别要坚持"以革命化为灵魂，以社会化、科学化为两翼，实现体育腾飞"这一指导思想，抓好以青少年为重点的全民健身战略和以奥运会为最高层次的竞技体育战略③。为此，《体育法》结构上初步订为"学校体育"等十二章，提供体育运动位阶较高的母法。

1993 年 5 月国家体委下发《关于深化体育改革的意见》。坚持社会化方向，加快群众体育的发展，贯彻"奥运战略"、落实《学校体育工作条例》、继续"科技兴体"是深化体育改革的主要工作方向。

1994 年 3 月国家教委体育卫生与艺术教育司征求《关于开展到阳光下，到操场上，到大自然中去陶冶身心活动的通知（讨论稿）》的意见函。加强对青少年学生身心的陶冶和意志的磨练，掀起开展室外体育运动和丰富学校内外体育活动的热潮，鼓励到阳光下，到操场上，到大自然中去陶冶身心活动④。

1995 年 2 月国家教委关于印发《贯彻〈全民健身计划〉的意见》。指出增强人民体质，推动社会主义事业发展的重要措施，并要求：一、全面强化体育

① 张彩珍主编：中国体育年鉴 1949-1991（上册）[M]．北京：人民体育出版社，1993：117.
② 张彩珍主编：中国体育年鉴 1988 [M]．北京：人民体育出版社，1991：78.
③ 张彩珍主编：中国体育年鉴 1989 [M]．北京：人民体育出版社，1991：69.
④ 国家教育委员会体育卫生与艺术教育司主编．学校体育卫生工作文件汇编 [M]．北京：人民教育出版社，1997：270.

教学，提高体育教学实效；二、严格执行《学校体育工作条例》相关要求，确保学生每天体育锻炼时间不少于一小时；三、继续搞好升学考试体育试行工作，推动学生的体育锻炼等事项①。

1996 年中共十四届五中全会通过了关于制订《国民经济和社会发展"九五"计划和 2010 年目标纲要》，建议把"实施科教兴国战略、促进科技、教育与经济紧密结合"，列为今后 15 年经济和社会发展的重要方针。并且在体育事业上，实施《全民健身计划纲要》，普及群众体育运动，普遍增强人民体质；落实奥运争光计划，提高运动技术水平；加强学校体育，落实全民健身计划②。

1997 年 11 月国家教委关于印发《初中毕业生升学体育考试工作实施方案》的通知，根据《学校体育工作条例》中，体育课是学生毕业、升学考试科目的规定，国家教委逐步试行了初中毕业生体育考试工作。为了进一步加强学校体育工作，决定自 1998 年开始在全国逐步实行初中毕业生升学体育考试③。

1998 年 11 月 27~29 日我国"全国体育发展战略研讨会"，制订了《2010 年中国体育改革与发展纲要》。提到 2010 年体育事业发展的目标是："人人享有体育权利，全民参与体育健身，提高国际体坛竞争能力，全面推进体育进步，为逐步实现体育现代化努力奋斗"④。足见《纲要》主要体现在"人人享有体育权利"以及"逐步实现体育现代化"两个新思想，力图学习与借鉴国外体育事业的经验，结合我国的实际情况，迈向具有中国特色的社会主义体育道路。

青少年应该将强健体魄作为为祖国和人民服务的一种特殊方式。学校教育教学工作应树立健康第一的指导思想，积极加大对体育教育工作的资源投入，全面提高体育教育教学的质量，提高学生的体育技能和知识水平，帮助他们养成良好的体育锻炼习惯⑤。可见改革开放以来，随着社会的稳定、经济的成

---

① 国家教育委员会体育卫生与艺术教育司主编. 学校体育卫生工作文件汇编 [M]. 北京：人民教育出版社，1997：309-310.

② 陈锦华主编. 学习贯彻《国民经济和社会发展九五计书和 2010 年远景目标纲要》[M]. 北京：人民出版社，1996：303.

③ 国家教育委员会体育卫生与艺术教育司主编. 学校体育卫生工作文件汇编 [M]. 北京：人民教育出版社，1997：514-515.

④ 体育文史编辑部. 伍绍谈《2010 年中国体育改革与发展纲要》[J]. 体育文史，1999，17 (1)：1.

⑤ 杨贵仁. 牢固竖立健康第一指导思想，切实加强学校体育卫生 [J]. 中国学校体育，1999，19 (6)：6.

长，人民生活以及教育水平的提高，社会主义的建设者和接班人的素质，关系到我国 21 世纪第三步战略目标的实现。

综合上述体育政策可见，随着 1979 年我国奥委会国际会籍的恢复，逐渐活跃于国际体坛，整个体育政策也随之修正。在 2000 年成为体育强国的长远目标下，强调加强学校体育战略措施，并认识到学校体育在全面发展与竞技运动的战略地位。尽管体育政策在"提高"之余，随着社会的稳定、经济的成长，人民生活以及教育水平的提高，整个体育政策已由重视竞技体育，逐渐发展为普及群众体育，甚至全民族的素质。然而学校体育所扮演的角色，不仅是前两者所不可或缺的，更攸关到我国 21 世纪第三步战略目标的实现。

（二）学校体育的工作重点

（1）1987～1992 年国家教委、国家体委对学校体育工作的安排

随着体育政策的颁布，实际则呈现在每年学校体育工作的推动上。由于我国在普及与提高的政策推动下，学校体育的定位是属于国家体委与国家教委共同指导。为此，1987～1992 年间为使学校体育能在体制下开展，分别由国家体委与国家教委对学校体育发出工作安排或指示。经研究者考察整理发现：

也就是在"七五"期间，坚持走体、教结合的道路，为推动学校教育事业的发展，这个时期学校体育工作的指导思想是：坚持党的基本路线；认真贯彻国家的教育方针和有关体育的方针政策，以落实《学校体育工作条例》为中心；坚持从学校实际出发，努力发挥体育部门的优势，深化改革、为增强全体学生的体质，提高全民族素质，为发现和培养优秀体育后备人才服务，及为社会主义两个文明建设服务①。

换言之，主要号召在 2000 年要将我国发展成为体育强国；深入贯彻践行以青少年为重点的全面健身战略以及基于奥运会为载体的高层次竞技体育战略，可说是普及与提高相结合方针的新发展；不难理解学校体育工作被视为整个体育工作的战略重点，是上述两战略的基础与结合。

所以为使各项规章制度进一步完善，研究制订了一系列有关学校体育工作的政策、法规、制度和具体的措施，其中包括：《学校体育工作条例》《国家体育锻炼标准施行办法》《全国学生体质、健康状况监测实施方案》《关于学校课余体育训练工作规划》、国家教委制订的《九年义务教育体育教学大纲》

---

① 王凯珍. 认清形势、明确职责、提高认识、统一思想——全国学校体育研讨会在厦门举行 [J]. 学校体育，1992，12（3）：6-9.

《中小学器材设施配备目录》《中学生体育合格标准》等①。这些具体的规章制度，对于促进学校体育工作的规范化建设，保证学校体育各项工作正常进行与开展。

（2）1993~1999年国家教委、国家体委对学校体育工作的安排

1993年是我国深入贯彻中共十四大精神，加快改革开放步伐的绪端，又是申办"奥运会"关键性的一年，也是全面检验各地体育工作情况的"全运会年"②。整个学校体育工作，除延续前面各项体育事业的规范化，更期许能在体育工作深化改革。

因此1993~1999年期间国家教委、国家体委对学校体育的工作安排，"八五"期间学校体育卫生的奋斗目标为：大面积增强学生体质，提高学生的健康水平，提高学校竞技运动水平，为国家输送更多的德智体全面发展的体育后备人才③。所以，学校体育工作上，九年义务教育课程计划增加了体育课的课时数；拟订了《实施两类课程整体改革方案）；《中、小学学生体育合格标准》已在全国实施；部分省市在进行初中毕业升学体育的试点；城市学校努力贯彻每天一小时体育活动的要求，而且健康教育已正式列入义务教育课程计划④。

紧接着1995年中共中央十四届五中全会通过了《关于制定国民经济和社会发展"九五"计划和2010年远景目标的建议》，把"实施科教兴国战略、促进科技、教育与经济紧密结合"，列为今后15年经济和社会发展的重要方针⑤。尤其为适应21世纪的国际经济、科技竞争和人才竞争，缩小与发达国家身心健康状况的差距，对于加快农村地区的现代化，把农村学校体育工作、体育教学改革工作、体育师资队伍建设工作作为重点，从而推动整个学校体育的改革和发展⑥。除此之外，实施《全民健身计划纲要》更强调以学校体育为基础。

总结上述，可见除延续以往的政策、法规、制度和具体措施的确定外，更进一步深化改革学校体育工作，包括学校体育课程整体改革、初中升学体育考

①　刘吉. 学校体育工作是一项打基础和着眼未来的工作 [J]. 学校体育, 1992, 12（2）: 4-6.

②　中国学校体育编辑部. 国家体委群体司1993年学校体育工作安排 [J]. 中国学校体育, 1993, 13（1）: 6.

③　邹时炎. 认真贯彻条例把学校体育卫生工作提到一个新水平 [J]. 学校体育, 1991, 11（1）: 5-8.

④　国家教委体育卫生与艺术教育司. 八五工作回顾及九五工作思路 [J]. 中国学校体育, 1996, 16（3）: 6-8.

⑤　国家教委体育卫生与艺术教育司. 八五工作回顾及九五工作思路 [J]. 中国学校体育, 1996, 16（3）: 6-8.

⑥　曲宗湖. 总结过去、规划今后、统筹安排、狠抓落实 [J]. 中国学校体育, 1995, 15（1）: 1.

试试点工作、推动体育教学与健康教育相结合、学生体质监测制度的评估检验，在实施素质教育为目标的前提下，以建立有中国特色的学校体育，无不在配合学校体育发展战略的实施。

二、学校体育发展战略下体育教学大纲的制订

学校是青少年体育教育的主要阵地，也是学校教育的重要组成部分，在我国体育事业发展战略体系中占据着极为重要的地位。所以，发展好学校体育直接关系到我国全体国民的身心健康发展，学校体育的发展质量将会对我国的教育事业发展成就和水平产生十分重要的影响，也直接关系到我国建设成为体育强国战略目标的实现。因此，《体育教学大纲》的制订，不仅攸关到重点项目布局，更促进学校体育发展战略的实施。

（一）重点项目布局下《体育教学大纲》制订的演进

（1）建国以来至 20 世纪 50 年代中后期

这一阶段，由于建国初期竞技运动发展所需的资源严重匮乏，所以表现在重点项目布局上，以恢复有基础的运动项目和增设群众喜闻乐见的运动项目为主。因此，我们从 1956 年所制订的第一部中小学《体育教学大纲》中发现，整个教材内容的建构，将运动项目排斥在外，完全以人体的自然活动作为教材内容，有的项目还带有娱乐性，只用发展身体能力的要求去构建教材内容，到了初中终究无法胜任，仍要运用田径、体操等方法，向学生传授必要的技术[1]。所以，此阶段《体育教学大纲》在竞技运动重点项目布局初期阶段，教材内容的编配，也较少且以基础的运动项目为主。

（2）20 世纪 50 年代中后期至 20 世纪 80 年代初期

这一阶段重点项目布局主要是"大而全""小而全"，表现在民族传统项目与现代竞技项目并重，奥运项目与非奥运项目并重、奖牌多项目与奖牌少项目并重，集体项目与个人项目并重[2]。但这种重点项目布局的配置，出现与我国竞技运动产生资源配置的不合理现象。所以，1961 年所制订的《中学体育教学大纲》，把改善学生健康状况、增强学生体质作为选材的主线[3]；第一次将武术与田径、体操、游戏球类并列为中小学体育教材内容，使得学校体育很

---

① 王占春. 新中国中小学体育教材建设五十年（上）[J]. 中国学校体育，1999，19（5）：4-6.

② 鲍明晓. 论奥运战略与我国竞技体育资源配置的效益问题. 载于奥运战略思考——奥林匹克运动与中国体育研讨会论文集 [M]. 北京：奥林匹克出版社，1993：184-188.

③ 王占春. 新中国中小学体育教材建设五十年（上）[J]. 中国学校体育，1999，19（5）：4-6.

快的恢复，取得明显的成绩。整个教材内容与 1960 年重点项目布局配置的 10
种运动重点发展项目相对应。不过 1978 年全日制中小学《体育教学大纲》体
育教材内容，提出"打破以运动竞赛为中心的编排体系"。因而，以走跑跳
投、队列、基本体操、技巧、支撑跳跃、单杠、双杠、游戏球类、武术为主要
教材内容。但事实证明不论是 20 世纪 50 年代的"以军代体"，或 20 世纪 80
年代有的学校完全取消运动项目，用举重、自然的走跑跳投，完全不要技术，
最后都是以失败告终的①。基本上研究者认为上述教材编配项目名称的更改，
只是换汤不换药而已，依然布满重点项目布局的影子。

（3）20 世纪 80 年代初期迄今

这一阶段随着我国国际奥委会会籍的恢复以及"奥运战略"的提出，可
说是我国竞技运动发展最快速的阶段。针对前一阶段重点项目布局的不合理配
置，在"缩短战线、调整结构、保证重点、提高效益"的指导思想下，对有
限资源进行重点项目布局的配置。促使各省市体委纷纷向奖牌多的项目、个人
项目、奥运项目进行布局，而对非奥运项目、奖牌少的项目以及集体项目则采
取"缩、砍、让"等措施，尽量减少投入②。这样的重点项目布局的配置，使
得我国在奥运奖牌的绩效上，较过去有大幅度的增长；以 1984 年洛杉矶奥运
会而言，获得的 15 枚金牌，金牌总数排在 140 个参赛国的第四位；1982、
1986、1990 年连续在亚运会金牌数第一，打破日本长期霸主的地位，成为亚
洲体育强国，实现"冲出亚洲，走向世界"的目标。

（二）重点项目布局与《体育教学大纲》制订的关系

根据上述的演进可见，1987 年制订的中小学《体育教学大纲》在体育教
学目标上，为配合"重点抓好学校体育，从少年儿童抓起"的战略；重新改
写体育教学目的任务，对于小学高年级和中学的体育教材，仍按运动项目分
类。"体操、田径、球类（篮球、排球、足球）"等教材内容比重仍占主要部
分，并强调"课课练"来发展身体素质。1988 年所制订的（初审稿）以及
1992 年九年义务教育《体育教学大纲》在教材编配上，都加重体操、田径、
球类（篮球、排球、足球）等基本教材的课时比重，并在选用教材部分积极
补充游泳、滑冰、女垒等项目，以符合国家体委"搞好项目的战略布局，集
中力量发展优势项目，大力加强田径、游泳等薄弱项目的要求"，充分利用有

①　王占春. 新中国中小学体育教材建设五十年（上）[J]. 中国学校体育，1999，19（5）：4-6.
②　鲍明晓. 论奥运战略与我国竞技体育资源配置的效益问题. 载于奥运战略思考——奥林匹克运
动与中国体育研讨会论文集 [M]. 北京：奥林匹克出版社，1993：184-188.

限资源，发挥效益。

事实上，竞技运动的荣耀，除归功于重点项目布局的配置得宜，另一重点则是在《体育教学大纲》制订上教材的编配。历次《体育教学大纲》的制订，皆承袭了"体操"在苏联体育教育制度的各个环节都占有一个荣誉的地位，在大纲中占主导地位的历史渊源①，所以从《体育教学大纲》教材编配与课时比重上，发现体操、田径、球类等教材项目的课时比重，一定名列历次《体育教学大纲》教材项目中，课时比重名列前茅。

由此可见，学校体育担负起竞技运动后盾的同时，《体育教学大纲》在教材编配上，自然随着国家体育政策，在重点项目布局的配置上，加重《大纲》中基本教材部分的体操、田径、球类（篮球、排球、足球）等教材项目的课时比重，并在选用教材部分积极补充游泳、滑冰等项目。清楚可见改革开放以来，随着奥委会会籍恢复，奥运战略的实施，我国在《大纲》中教材内容编配与重点项目布局的配置，不仅着重在基本教材部分的田径、体操、球类等项目上，随着体育政策转变，也逐渐重视游泳、滑冰、女垒等选用教材的内容，可见重点项目布局战略的转变，造就了大纲教材内容编配的多元化。因此可说，学校体育除兼具竞技运动发展的塔底之外，对于《体育教学大纲》的教材内容编配上，早与重点项目布局对口衔接，已是不争的事实。

(三)《体育教学大纲》在学校体育战略的地位

中小学教育，特别是义务教育阶段，学生在学校接受教育是一种义务，也是强制性教育。因此，中小学的体育也可说是基础体育，通过《体育教学大纲》的规定，使得学生接受到较有系统性的体育知识和技能，掌握一些基本的体育锻炼方法，帮助他们养成正确的锻炼习惯，促进他们终身体育意识的形成，有着极为深远的意义。因此，长期以来我国一直将体育划定为各级学校的必修课程，制定并全面推行《体育教学大纲》，以此来保障学生能够获得正常的体育学习权益，掌握基本的体育锻炼知识和方法，为学生的终身体育锻炼奠定必要基础②。

所以根据刘绍曾、曲宗湖针对我国学校体育发展战略研究指出：学校体育是我国体育事业发展的战略重点，同时，也是基于奥运会为载体高层次竞技体育战略和以学生为重点全面健身战略的重要基础③。基于此可见，不断提升学

---

① 王则珊. 学校体育理论与研究 [M]. 北京：北京体育大学出版社，1995：21.
② 苏竞存. 学校体育的特点及其在义务教育中的重要意义 [J]. 课程教材教法，1987，7（9）：3-6.
③ 刘绍曾、曲宗湖. 中国学校体育发展战略 [J]. 北京体育学院学报，1989，31（3）：1-9.

校体育教学水平，提高学校体育教学条件，以体育教学为中心，切实进行学校体育的整体改革，是实现学校体育发展战略目标的基本方针。所以，从整个学校体育发展战略目标上看，在学校体育教育所属的体育工作条件中，"大纲教材"位居我国学校体育发展战略目标体系的具体目标，再次说明了《大纲》的重要性。

另一方面，根据周登嵩、李永亮、毛振明针对我国学校体育教学现状及 2000 年发展战略目标与对策研究指出：体育教学是实现学校体育目标任务的主要途径和基本环节①。在其《中国 2000 年的体育教学发展目标和全国范围内的体育教学现状调查》，优选出体育教学的六大指标，其中一项为"实施大纲的程度"指标。确立了《体育教学大纲》在 2000 年体育教学发展战略的指标作用，再度证实了《体育教学大纲》地位的重要性。

由此可见，我国重点项目布局，始源于 20 个世纪 50 年代，并从 1979 年我国国际奥委会会籍恢复以及重返各种国际运动组织后，重点项目的布局，积极朝向奥运会准备相接轨。尤其是"奥运战略"实行后，加强了"举国体制"，集中人力、物力在重点项目布局上。因此改革开放后所制订的《体育教学大纲》在教材编配上，自然随着国家体育政策起舞，以及重点项目布局的配置，加重《大纲》中基本教材部分的体操、田径、球类（篮球、排球、足球）等项目的课时比重，同时项目也较过去增多，并且配合重点项目布局在选用教材部分积极补充游戏、滑冰等项目。由此断言，《体育教学大纲》的教材编配，无疑支援了重点项目布局上的配置；另一方面，九年义务教育《体育教学大纲》的实施成效，更出于学校体育战略发展系统的指标之一，其重要性不言而喻。因此，学校体育在坚持群众体育与竞技体育两手抓的策略下，学校体育工作将是我国体育工作的战略重点，已是显而易见。

三、学校体育发展战略下初中毕业升学体育考试的实施

我国在改革开放后，积极面对现有制度的缺陷，提出改革的方向与建言，进行各项制度的改革，尤以"初中毕业升学体育考试"对我国学校体育发展战略的影响相当深远。

（一）升学体育考试的背景源起

改革开放后，随着 20 世纪 80 年代中后期升学竞争的激烈化，造成学生体

---

① 周登嵩，李永亮，毛振明. 中国学校体育教学现状及 2000 年发展战略目标与对策研究 [J]. 体育科学，1997，17（1）：17-22.

质低下、运动技能不足、学生健康状况不良，使得学校体育出现窘境，迫使学校体育工作者谋求改革之道，终于提出初中毕业升学体育考试的构想。

（二）初中升学体育考试的演进

经研究者考察发现，我国初中升学体育考试改革的发展与演进，约略可见三个时期的转承，兹分述如下：

（1）创始期（1979~1981年）

1979年首先于上海市崇明中学试行升学体育考试，开启了我国初中毕业生体育考试的绪端。虽自1979年上海市崇明中学开启升学加试体育的改革后，由于考试的项目与成绩计算，未必明确，所以在实施的范围与成效也就没有大幅的进展。

（2）推广期（1982~1990年）

由于初中毕业升学体育考试的试点工作，皆由各地方教育行政单位自行安排决定，所以，在我国中央未有强制执行规定的情况下，因此在本期的前半阶段，并未获得很大的发展。但自1990年国务院批准颁布的《学校体育工作条例》后，明确规定"体育课是学生毕业、升学考试科目"；不仅提供升学体育考试的法令依据，更是推广各地施行升学体育考试的动力。将整个初中升学体育考试的范围逐渐的推广。

（3）成熟期（1991~1999年）

《学校体育工作条例》公布后，各地依据条例的规定，提出积极的做法。1991年2月广东省教育厅、招生委员会联合做出决定：从1991年起，全省初中毕业生升学考试把体育列入考试科目①。可以说升学体育考试自《学校体育工作条例》颁布后，开启全面实施升学体育考试的绪端。直到1997年原国家教委印发《初中毕业生升学体育考试工作实施方案》，将体育考试确定为初中毕业生升学考试科目，自1998年正式实施。总结1998年我国第一次正式实施体育考试的情况，除甘肃省外30个省、自治区、直辖市，都开始实施体育考试②。

总之，我国推行初中升学体育考试，经过多年努力，已逐渐成为各地改革的重要措施，确实给初中教育带来很大的冲击。在历经创始期、推广期、成熟期，初中毕业升学体育考试，不仅提高学校体育的地位，改善了学生的健康与

---

① 学校体育编辑部. 广东省将全面推行升学体育考试制度 [J]. 学校体育，1991，11（3）：14-15.

② 中国学校体育编辑部. 不断完善中招体育考试制度全面提高学校体育工作质量 [J]. 中国学校体育，1999，19（5）：3-5.

体质，也调动了体育教师的积极性以及提高学校体育的物质条件，虽不免产生了一些负面困扰的问题。但初中升学体育考试，终究已成为我国改变应试教育回归素质教育轨道的一项措施，不仅促进社会各界及学校重视学生身体素质与健康，也活络了学校体育发展战略的推动。

在这后"冷战"的时代，由于竞技运动兼具着重大的社会意义与政治作用，更催化了体育观念的重大变化。就此而言，我们不难发现我国为达成世界体育强国的重大目标，积极推动学校体育发展战略，先在体育政策的颁布下、透过学校体育工作的安排、体育教学大纲的制订与重点项目布局、初中毕业升学体育考试等相关配套措施，环环相扣，形成一套"目的—内容—方法"系统结构。

不仅普及了体育运动的兴趣与观念，更有效地培养和选拔体育人才，提高了竞技运动的水平。足见，学校体育发展战略是我国体育工作的战略重点，更是时代发展不可或缺的趋势，因此，我们不能置若罔闻。

但是，我们也隐约可见我国"一切为奥运"无疑地在塑造世界体育强国的图腾，是否能兼顾全民体质发展以及学生个性发展，值得深思。

第四章　本研究的相关理论基础

第一节　各学派有关体制的相关理论

体制学派理论（Institutional Theory）对于组织的发展有不同于理性组织模式强调效率的看法。任何社会活动的运作，均会逐渐形成一套体制，以引导组织成员出现可预期的行为，并惩罚不符合该社会期望的行为，以维系团体生活的秩序，延续组织的生存与发展。换言之，社会之所以可以稳定有秩序的运作，就是因为体制的作用所导致。因此，形成于这种体制下的体制环境，能够对组织的架构、运转以及存活等产生十分显著的影响。

按照体制理论的观点，组织在此体制下存活是因其有合法性，因其须具备合法性方可取得环境中充分发展的资源、讯息及环境成员的支持[1]。组织有赖于顺从体制规定，以求生存与成长[2]。大部分体制的形成，逐渐演进的结果多于突发创见，是源自有目的性的设计[3]，其次，再由体制发展的过程，以时间来形塑体制，并注入某些特定价值于其中，进一步推演未来发展方向[4]。

一、体制的内涵

在我们的现实世界中，往往会因一些看似正常，往复不断且明显选择的大

---

① Meyer, J. W., & Rowan, B. Institutionalized organizations: Formal structure as myth and ceremony. American Journal of Sociology, 1977, 83（2）: 340-363.

② Xu, D., & Shenkar, O. Institutional distance and the multinational enterprise. Academy of Management. Review, 2002, 27（4）: 608-618.

③ Weimer, D. L.. Institutional Design. Boston: Kluwer Academic Publishers, 1995: 56.

④ Peters, B. G.. Institutional Theory in Political Science. London: Pinter, 1999: 137.

量存在，使得我们在行为过程中不会进行过多的思考而做出决定①。例如某个个人，已经连着两天高烧不退，却仍只是迷信传言买着青草汁来喝，到附近药店自购成药服用（文化—认知），在家人苦劝下，才挂了医院的号（规范），又因为知道医生看诊一定要看到本人，不能代为拿号（法规），而搭上了公交车到医院去；在医生专业详细的诊断下，认为该病人有看胸腔科的必要（规范），并且在领取了医生开的药物（法规）后离开医院。这一连串的患病就医行为，是因为现成的"体制"在我们周围影响着我们，使我们能够不必太费心思虑做选择就能好好在这个社会生存。

"体制"看不到、听不到、摸不到，甚至也量不到，它只是人类思想的构成概念，也是我们接触最多而又最容易忽略的东西之一，换句话说，我们每个人每天都在这种体制环境连串而成的社会中进行着各式各样的活动，从出生报户口纳入户籍制度，稍大进入幼儿园、小学、中学、大学等教育制度，也生活在因人因事而异的特定政府制度、社会制度和文化传统中。体制时刻都在规范和影响着我们的生活和行为。

而以对体制的了解，从一开始经济学者所强调的法规性因素（Regulatory Factors），至后期政治及早期社会学者们，将体制阐释为规范性因素（Normative Factors），到近期的社会学者、人类学者与认知心理学者，则强调认知—文化因素，都给予了不同而详尽的诠释，本研究试以综合整理，分述如下。

（一）经济学派的体制

在经济学的世界中，每个人都是自我利益极大化的追求者，在理性的算计下，体制设计乃是减少经济活动的不确定性、降低交易成本的一种经济规则。经济学者 Coase 的"交易成本"概念，认为市场上的任何契约行为均有交易成本存在，体制的建立与存续，可以厘清财产权的归属和稳定性，有助于交易成本的降低，促进契约的订定与执行，进而创造经济的活络与成长；而利益成本的计算结果也变成体制存续的判断指标之一，当利益大于成本时，现行体制依然有其价值，当成本大于利益时，便需要考虑以其他体制替代之②。

North 和 Thomas 则指出体制是经济成就的决定条件，相对价格的改变及体

---

① Lucas, R. E.. & Jr. Adaptive behavior and economic theory. Journal of Business (Supplement), 1986, 59 (4): S401-S426.

② Coase, R. H. The problem of social cost. Journal of Law and Economics, 1960, 3 (1): 1-44.

制变动之源①。体制并且被视为常数或变数。按照早期的 Schultz 所提出的说法，体制可以定义为"一种涉及社会、政治和经济行为的经济规则"②。也就是说，凡用来规范人类活动的规则就是体制。若从其作用的性质来讲，Schultz 对体制的概念给予四种经典型分类：第一类，是基于缩减交易成本、提高交易效率为目的而形成的制度，较为典型的包括货币制度、期货市场制度等；第二类，是基于对生产要素所有者之间风险配置目的所形成的制度，较为典型的包括合约制度、企业制度等；第三类，是基于建立职能组织与个人收入关系所形成的制度，较为典型的包括财产制度等；第四类是基于厘清公共财货和劳务的生产、分配框架所形成的制度，较为典型的包括机场、学校等。

North 喜欢把体制比喻成"社会游戏的规则"，而组织则是游戏的"角色"。体制是人为制定的限制，用以约束人类的互动行为。因此，体制在体制内取得正当性。

(二) 政治学派的体制

在政治学的领域内，人是政治的动物，彼此之间有冲突也有合作的需求，而体制设计乃是人类解决纷争、创造合作的一种政治安排。体制设计对政治的运作与结果的影响，一直为政治学者所关注。March 和 Olsen 将体制定义为：组织、日常生活及行政程序中的行为规则。并认为政治体制是依照角色和情境之间的关系界定适当行动的相关规则和常规的集合③。Schattschneider 指出，体制安排本身不是中立客观的，而是一种偏差的动员。就此而论，虽然我们无法精确衡量与比较不同体制安排的效果，但我们却也无法否认体制的作用④。Fiorina 表示，体制界定参与者的资源、权利及谁是最后的决策者⑤。Koelble 认为，体制在政策分析中具有举足轻重的地位，因为，其一，体制安排决定了哪个组织或团体对某一政策领域享有管辖权和决策权，进而决定某些行动者对政策结果的影响力。其二，体制安排决定了行动者在组织结构中的地位，设定其所应承担的责任，及与其他行动者的关系，进而影响行动者对其利益的认知和

---

① North, D. C., & Thomas, R. P.. The Rise of the Western World: A New Economic History. Cambridge: Cambridge University Press, 1973: 79.

② Schultz, T. W. Institutions and the rising economic value of man. American Journal of Agricultural Economics, 1968, 50 (5): 1113-1122.

③ March, J. G., & Olsen, J. P.. Recovering Institutions. New York: Free Press, 1989: 86.

④ Schattschneider, E. E.. The Semi-Sovereign People: A Realist's View of Democracy in America. New York: Holt, and Winston. 1975: 168.

⑤ Fiorina, M. Rational choice and the new institutionalism. Polity, 1995, 28 (1): 125-128.

界定，做出适当的判断和决策①。

（三）社会学派的体制

在社会学眼中，体制是在社会发展和人际交往的长期历史过程中形成的、不依赖于人们主观意志的道德观念和行为规范。主要包括社会的价值观念、伦理规范、道德准则、风俗习惯和意识形态。非正式约束与一个社会的文化传统有着很大的共同性。因此体制之为用，是为了一个社会中成员可以借由正当性的追求而促成社会的秩序与安定。

社会学者界定的体制是比政治学者更为广义的，不但是正式的规则、程序或规范而已，还包括指引人类行动的"意义架构"，诸如符号体系、认知脚本和道德样板等②。DiMaggio 和 Powell 也认为体制包括传统和习俗③。

再者，体制在个人与组织之间的作用，在于个人应该扮演的角色已经透过社会化的过程而被制约，社会集体对每个角色的规范与期望也已经内化为个人行为的动机，也不能脱离体制所形成的意义体系之外。

研究体制理论，不应将体制界定为僵硬的社会框架，并且分析体制对组织或个人的影响时，必须置身于当时的时空脉络之中，才能做出富有真实意义的解释。

现实社会中，错综复杂的体制环境，时时约束或影响着每个人的行为。体制可能限制了少数人的自由空间，但相对地，也顾及了大多数人的基本权益，使组织和个人都能追求所想要的，这就是体制存在的价值和贡献。

二、体制的构成

社会自有一套规则或标准，来确定各种不同情况下的适当行为，而这种规则或标准便是体制，由于有体制为准绳，所以当我们要约会、坐车、聚会、谈生意、借贷等从事各种事务的过程中，会很快地了解或学会如何去做。体制透过其安排的结构而减少不确定性，并以此来对人类各种行为活动起到有效的规范和引导作用。而体制最终的形成机理是什么？又是如何构成的呢？新制度经济学家把体制分成三部分：（一）正式体制是为正式规则、有形体制，是正式

① Koelble, T. A. The institutionalism in political science and sociology. Comparative Politics, 1994, 27 (2): 231-243.

② Hall, P. A., & Taylor, C. R. Political science and the three new institutionalism. Political Studies, XLIV, 1996: 936-957.

③ DiMaggio, P. J., & Powell, W. W. The iron cage revisited: Institutional isomorphism and collective rationality in organizational fields. American Sociological Review, 1983, 48 (2): 147-160.

的约束；（二）非正式体制是为非正式限制、无形体制，是非正式约束；（三）体制的执行。每一个部分形成与改变的方式不同，对组织或个人行为的影响过程也不同。

（一）正式体制

就是由人自觉地、有意识地制定各项法律、规则，这些体制多以成文的形式出现。从体制的层级角度看，宪法是最高层级体制，另外，还有一些成文或不成文法规以及个人契约等都包含在体制范畴之内，即通过一定的规则对某些行为或事务进行特定的限制。换言之，一个社会的正式体制包括政治体制、经济体制以及社会生活其他方面的体制。

一般而言，宪法作为最高法，它比一般的法律条文更具稳定性，又如法律条文要比个人契约更具稳定性一样。政治规则的存在限定了政治体制的地位结构，任何政治决策、议程等都必须要在政治规则范围下存在。而经济规则则主要是用于对财产的使用权、所得权，或资源的能力、交换中特定的同意条件的限制等。

非正式与正式限制之间的差异只是程度上的，并没有不可逾越的界限，很多正式体制存在前，就已经成为一种社会习惯或传统在发挥着作用，只不过后来经由明确制定为正式体制，使之得以确认和固定化而已。如果将正式限制与非正式限制比喻成一条连续线的两端，那么非正式的习惯和传统以及正式限制的命令规条等则分别位于这条线的两端。不成文的习惯和传统需要经过漫长的单向移动才能够演变为成文的法律，也就好比我们社会由简单到复杂的演变进程一样，在简单的社会演变为比较复杂的社会以后，社会的分工与专业化也就随之产生。虽然正式规则会因司法或政治决策等的作用而瞬间发生变化，但非正式的习俗、传统等限制通常不会因普通政策决策发生显著变化。

（二）非正式体制

非正式体制常常被称为非正式约束。它是体制构成中与正式体制相对应的另一类体制。非正式体制通常被理解为在社会发展和人际交往的长期历史过程中形成的，不依赖于人们主观意志的道德观念和行为规范，而主要来自包括社会的价值观念、伦理规范、道德准则、风俗习惯和意识形态。"社会意识形态"是非正式约束中最重要影响之一。意识形态在形式上可构成某种正式体制的先验模式，或成为某种理论基础或最高准则。而另一个重要的影响是"习惯"，习惯就是在没有正式约束的地方，依循着既有存在的惯例或标准行为来行事。习惯是在长期历史和文化发展中累积形成的，它是社会文化传统的重要成分。

　　因此，我们认为，非正式体制与正式体制之间存在着一定的联系，非正式规则能够对正式规则进行修正，并对其进行进一步的延伸和发扬，它为社会制裁行为起到一定的约束作用，是内部自我执行的行动标准。

　　由此可见，非正式体制与社会传统文化之间存在着很大的共同性，这些非正式体制源起于社会传统信息，并被不断地传承下去，使之变成了文化的构成。心智处理信息的方式，将认知的、态度的、道德的、行为的以及事实的信息转换为接受的符号①。Boyd 和 Richerson 定义为：在教育和模仿的共同作用下，代代相传的知识、价值以及其他各种影响行为的因素 ②。文化形成一套基于语言为载体的认知架构，从而具备了记录、诠释感官获取到的各种信息，正是因为有了这种记录和信息诠释功能让这些非正式的方法得以长久的传承和发展，同时，也让那些非正式的限制发展成为社会变迁过程中造成连续性的来源。是以，在我们的举手投足之间就能发现，到处皆是非正式约束。

　　非正式体制本身的重要性，是已非常显见的。另外，我们可以观察到不同的社会采用相同的正式法规，却产生不同的结果；此所表达的意思是，即便法规发生了根本性的变化，但是并不会因此而导致社会所有层面随之发生改变，也就是说，正式规则的变化并不会引发由文化发展所形成的非正式限制立即发生变化。所以，虽然正式规则被修改以后，也不会切断其与非正式限制之间的联系，它们之间依然会保持着紧张的关系。

　　正式体制可以弥补非正式体制的不足，增加非正式体制的效力；相同地，社会万般样态，也不可能全以正式体制来管辖；非正式体制的作用，就在那些无法由正式体制来规范执行的领域，是其发挥作用之地。

三、体制化

　　体制如何能在组织内部内化，成为组织根植的信念、实体价值的一部分，Scott 对于体制化（Institutionalization）提出一套有系统的解说，可以分为以下过程来进行描述说明③。

① Johansson, S. R. The computer paradigm and the role of cultural information in social systems. Historical Methods, 1988, 21（4）：172-188.

② Boyd, R., & Richerson, P. J. Culture and The Evolutionary Process. Chicago：University of Chicago Press, 1985：179.

③ Scott, W. R. The adolescence of institutional theory. Administrative Science Quarterly, 1987, 32（4）：493-511.

（一）强调体制化是在组织内部根植价值观念的一个过程

早期的体制派学者 Selznick 对于体制化过程的论点最具有代表性。Selznick 分析出两种不同层面。一方面是属于机械式的层面，比较僵硬死板，另一方面是属于比较自然的层面，比较自由灵活，因与内在外在因素经常互动而适应，比较不会被淘汰消失的层面①。对于一个组织而言，在体制化的过程形成共同的价值观念或群体的理想主义，组织存在的目的不再仅仅为功能性、工具性的达成特定的目标，而是要维系一个团体的价值或理想的实体，因此组织内部增强了稳定性，能够经得起时间的考验。由此，我们可以了解组织及组织成员不完全是依从理性（也就是成本—效益）的原则在组织行动。

（二）强调体制化是组织创造实体的步骤过程

依据 Berger 和 Luckmann 的研究，组织体制化有三个关键性阶段：即外在化、客观化、内在化。行动主体采取行动，即是外在化；而当众多行动主体一起诠释其行为具有实际存在意义时，即是客观化；再随着客观的世界在行动主体里面内在化，成为行动主体的主观知觉，就是内在化②。每个关键阶段都是体制化的必要特征。在任一体制下，社会是个人行为产物，社会是客观实体，人是社会产物。

（三）体制系统是一群元素的集合，并且不是理所当然的过程

对于外部社会元素环境关系重新有新的观念分析，以前体制理论注重环境因素中的资源以及依赖性，而这种新的观点则重视社会文化因素、符号象征、认知系统、普遍信念。多年来，这种外部环境因素的重视引起注意超越组织内部技术层面。

体制化过程不再是理所当然的，而是依据组织合法性、资源、生存的考量。组织以多种形式过程符合不同的社会体制类型，包括强制的、模仿的，以及规范的③。这些与以前在形成体制化的过程上观点不同，这三种方式表现出体制化不是理所当然的。

另外，因为对象征符号意义的注重，使得对于文化的兴趣提高了。也搭起

---

① Selznick, P. Leadership in Administration. A Sociological Interpretation. New York: Harper & Row, 1957: 193.

② Berger, P. L., & Lukmann, T. The Social Construction of Reality. New York: Doubleday, 1967: 208.

③ DiMaggio, P. J., & Powell, W. W. The iron cage revisited: Institutional isomorphism and collective rationality in organizational fields. American Sociological Review, 1983, 48 (2): 147-160.

了后进者对于新文化的研究。

（四）体制化是独特的社会实体范畴

在传统定义里，体制最强调的是稳定性和持续性。并且体制是有独立价值的。Hertzler 认为坚持继续为重要稳定因素[①]。Friedlan 和 Alford 的研究认为不同社会范畴实体具有不同的信念系统；并且体制变数之间并不存在一定的和谐性[②]。

由上述论述可知，一个拥有完善体制的社会或组织，能为成员提供一个稳定的激励机制。不但成员的努力和创造可以受到鼓舞，更能促进创造性的活动，个人、组织、社会都得到相对的报偿。相反地，缺乏或不完备的体制，不但个人的积极性会受到压抑、社会的创造性活动可能萎缩或停止，社会容易因此停滞没有发展。

四、体制对组织运作与结构的影响机制

体制环境对组织所造成的压力或影响是有所差异的，有的组织能以新的组织形式适应，降低体制环境本身的影响，另外，有的组织借由所处的体制环境将压力转变为其优势[③]。

许多实证研究援引体制理论来解释体制环境透过哪些机制影响组织的结构与运作，确实各有论述说法，分析也都不同。本研究首先就 DiMaggio 和 Powell 提出的三个影响机制：强制性、规范性和模仿性[④]和 Scott 提出的七种论述：组织结构的强迫性、组织结构的授权、组织结构的诱导、组织结构的取得、组织结构的铭印、组织结构的整纳、组织结构的回避[⑤]，分别加以描述，并且分析其中的差异。接着再探究 DiMaggio 和 Powell 与 Scott 进一步提出的体制同形化

① Hertzler, J. O. American Social Institutions. Boston Allyn & Bacon, 1961: 324.

② Friedlanc, R., & Alford, R. R. Bringing society back. In Symbiosis, Structures and Institutional Contradiction. Paper presented at the Conference on Institutional Change. Center for Advanced Study in the Behavioral Sciences, Stanford, CA. May, 1987: 15-16.

③ Lau, C. M., Tse, D. K., & Zhou, N. Institutional forces and organizational culture in China: Effects on change schemas, firm commitment and job satisfaction. Journal of International Business Studies, 2002, 33 (3): 533-550.

④ DiMaggio, P. J., & Powell, W. W. The iron cage revisited: Institutional isomorphism and collective rationality in organizational fields. American Sociological Review, 1983, 48 (2): 147-160.

⑤ Scott, W. R. The adolescence of institutional theory. Administrative Science Quarterly, 1987, 32 (4): 493-511.

影响机制。另外，对 Meyer 和 Rowan 提出的松散结合组织结构论点①，也予以初步探讨。

（一）三个影响机制

（1）强制性影响机制

强制性影响机制有法律、政府行政命令等，是由于制定体制者拥有极大的权力，并借由行使法律和制裁来发挥功能②，而组织是以调整组织结构或运作等权宜手段来顺从体制的强制性压力，并期望获取组织存在的合法性。

（2）规范性影响机制

规范性影响机制有作业标准、专业伦理守则等，这个机制主要特点在于组织是出于自愿的遵守体制规范；所强调的论点，认为组织在彼此互动过程中形成的价值观念与行为标准，或为这些组织或成员的共同观念及准则，进而自发性的来遵循。DiMaggio 和 Powell 认为专业化是体制化机制中最具代表性的③。

（3）模仿性的影响机制

模仿性的影响机制有社会价值观、习俗、象征代表等，当一个组织的目标不明确，体制的核心价值、符号意义模糊化或者核心技术无法完全拥有，造成组织去效仿其他成功、稳定组织的结构或运作模式，以求其组织在这种不稳定、不确定环境中的存活。模仿的目的并不一定是为效益的增加，而是为合法性的增加。

（二）七种论述

（1）组织结构的强迫

有些组织部门因外在环境的变动而改变。这种改变必须区分是由政府权威法律而来的改变，或是从一般威信力量造成的改变。Tolbert 和 Zucker 认为从政府直接立法权威而来的要求变更，所遇到的阻力会比较少，变更比较快，也得到更高度的配合、遵守；相形之下，仅仅威信的力量就比较差④。

---

① Meyer, J. W., & Rowan, B. Institutionalized organizations: Formal structure as myth and ceremony. American Journal of Sociology, 1977, 83 (2): 340-363.

② Ahlstrom, D., Young, M. N., Nair, A., & Law, P. Managing the institutional environment: Challenges for foreign firm in post WTO china. Advanced Management Journal, 2003, 68 (2): 41-49.

③ DiMaggio, P. J., & Powell, W. W. The iron cage revisited: Institutional isomorphism and collective rationality in organizational fields. American Sociological Review, 1983, 48 (2): 147-160.

④ Tolbert, P. S., & Zucker, L. G. Institutional sources of change in the formal structure of organizations: The diffusion of civil service reform, 1880-1935. Administrative Science Quarterly, 1983, 28 (1): 22-39.

（2）组织结构的授权

组织结构的授权是一种上级对附属单位授权的组织结构。因此是合法的，是规范管制式的。虽然与强迫性的权威相同都是由上而下的力量，但不同之处是这种形态所造成的变更是自愿并且得到上级同意、支持的。DiMaggio 和 Powell 指出这种规范式的行为通常发生在专业性机构①。例如，许多学校机构自愿参与评估，取得评估的利益好处。许多社会福利服务机构也自愿地参与评估，期盼能因此得到更多公众的信赖与赞许。通过评估者能有更大存活概率和社会影响力。

（3）组织结构的诱导

许多中央机关对地方单位没有直接管辖权威，只有诱导的功能来造成组织体制变更。造成变更的方式，常是借助于奖励诱导的方式。虽然如此，但DiMaggio 及 Scott 的研究结果指出，由于许多理由，诱导作用所造成的组织影响都不是长久性的。另外，诱导策略的弱点在于，当地方单位对诱因条件起负面感受，对于受委任的工作热诚大大减少②。

（4）组织结构的取得

组织机构的取得是一种采取自动实施步骤的组织结构。无论是经由模仿或是规范方式，组织的决策者自动采取体制设计，期望使组织更适应环境、更现代、更专业化。相较之下，自动采取变更体制的效果，比由外来因素强迫或监督以促成改变，其效果更好，能鼓励落实和符合新体制，不只是应付上级而来的外界压力。

（5）组织结构的铭印

组织结构的铭印，这种观点认为组织的体制化往往是因循着传统印记而来，不是经由理性决策。因为传承创始时期印记的显著因素，因此具有持续性。

（6）组织结构的整纳

组织结构的整纳，是经由融合纳入机制渐进形成的组织结构。此观点最主要的议题是组织体制的存在或变更往往不是由单一因素来作关键性决定、不是外在的权威或诱因，也不是行政决策者故意要改革，而是这些种种多元多样因素都错综复杂的互动，渐渐地经由一段时间融合纳入了组织体制，组织体制化就反映了外在内在的因素，等于复制了环境的重要因素，而导致适应环境的运

①　DiMaggio, P. J., & Powell, W. W. The iron cage revisited: Institutional isomorphism and collective rationality in organizational fields. American Sociological Review, 1983, 48（2）：147-160.

②　DiMaggio, P. J., & Powell, W. W. The iron cage revisited: Institutional isomorphism and collective rationality in organizational fields. American Sociological Review, 1983, 48（2）：147-160.

营。这也是 March 和 Olsen 所指，组织体制的现况以及所发生的变更，不全是刻意或有意造成的①。

（7）组织结构的回避

组织结构的回避，是指组织体系和其体制环境之间的关系在组织中却呈现出另外一种形态。主要原因，是由于在组织里各个团体各自的意见有极高度的一致性。如以同一所学校的体育教师来说，虽然来自不同的地方，但是体育教师之间，对体育教育专业规范有其相当的一致性。而如此的团体信念使得组织体制化变得没有那么重要，成为辅助、补充的机制而已。也就是一些规范、文化的掌控因素可以取代组织体制的考量。当信念广泛存在一致性，一些程序也就被认为理所当然，就不必正式写在组织体制条文里了。

DiMaggio 和 Powell 与 Scott 对于组织运作与结构影响机制的分类方式，基本上大同小异，均是以体制影响权力来源的大小，再加上体制环境的稳定性来决定；而在对组织运作与结构影响上，则彼此之间各有擅长。本研究整合以上论述，得出如下结论：

第一，DiMaggio 和 Powell 所指的强制性影响机制，也就是 Scott 所说的组织结构的强迫性。相同地，国家是最具有代表性的体制创立者与执行者，各种新的法令，乃至于行政程序、命令的颁布执行，都以国家政府为首要，并且也是经济收入的主要来源，因此组织要存活的首要条件是遵循国家的法令与规范②。这种强制性的力量虽然并不一定使得组织有效的运作，却是必须遵守的，甚至以调整组织的结构来配合执行。

例如，在学校必须遵守教职人员的执业规定，甚至于在教师法明确规定对于学校机构的督导考核机制，严格规范学校机构设置标准及遵从有关行政命令，以便于取得政府的支持，也常因此忽略教师对教书育人的品质及学生的需求而加以认真的评估。

第二，而在 DiMaggio 和 Powell 强调的规范性，和 Scott 所提出的组织结构的诱导是相似的。专业化基本上是赋予该特定职业角色、位置意义的规范过程，体育教师专业化是典型的例子之一。规范性影响机制其最终目的是取得专业合法性，是一个动态的过程，在不断更新与再创造的过程中使组织及其成员接受相同的价值观念，进而在组织的结构或运作上能有所调整③；专业职业团体，如学会、协会，是强化专业规范的主要机构之一。

① March, J. G., & Olsen, J. P.. The new institutionalism: Organizational factors in political life. American Political Science Review, 1984, 78 (3): 734-749.

② Habermans, J. The Legitimation Crisis. Boston: Beacon Press, 1975: 356.

③ Friedson, E. The Profession of Medicine. New York: Dodd, Mead, 1970: 124.

第三，DiMaggio 和 Powell 所提的模仿性机制，即是 Scott 所指，组织结构为环境的不确定性所选择。例如慈善性的社会服务组织，为了维持组织的生存，效仿已经设立多年并且为国家社会肯定的社会服务组织公开捐献募款账目及其管理使用办法、参与国家奉献奖的评选方式，实质意义上，在赢得社会信任及社会形象，以便能得到社会大众的认同及组织的合法性，进而得到捐款者持续的支持及社会资源的注入。

第四，至于 Scott 所提的组织结构的铭印，则是强调组织在设立创制时期，受其组织类型的体制环境所加予的限制或要求，并且其组织结构形式在创立确定之后则其影响会一直存在①。在以宗教团体所设立的学校机构，比如财团法人某某基督教学校，就是很明显的例子，学校创立之初的宗旨、精神一直是引领着学校组织的经营理念，即使环境再变，生存是否受到威胁，但组织架构中的某些部门、人员是会一直存在并且受到重视。

（三）体制的同形化影响机制（Isomorphism）

DiMaggio 和 Powell 与 Scott 都同意体制可以透过三种同形（Isomorphism）力量来形塑组织结构与行为。体制理论的一个重要观念是 DiMaggio 和 Powell 所称的组织场域（Organizational fields）的议题，也就是由主要供应商、资源和产品的消费者、法令代理机构及其他生产类似服务或产品的组织所构成共同认可的体制生活区域。基本上在不同场域中所有的制约力量，对于个别组织的压力会迫使场域内成员的行为逐渐显现出一致的现象，并且组织形式越来越相似②。而在同一场域内的组织也会有较明显的相似价值系统，彼此之间的活动比起不同场域的组织互动更为频繁③。

（1）强制同形

存活于组织结构体系当中的客户、企业或社会机构等，对组织有着较为丰富的期待和规范，组织为了让自身获得认可，并协调好上下游之间的关系，就必须逐步地同形。强制同形的力量来自组织所依赖的其他组织所施予的正式或非正式压力。对于法规体制力量的配合遵守，是最基本的生存法则。相比较其他组织，学校机构的体制环境有着更大的规范力量，而当中最明显的体制就是法律规章。1995 年，《中华人民共和国体育法》的颁布，是我国体育政策的重

---

①　Stinchcombe, A. L. Constructing Social Theories. Chicago：University of Chicago Press, 1968：268.

②　Zucker, L. G. Where do institutional patterns come from? In L. G. Zucker（Ed），Organizations as Actors in Social Systems in Institutional Patterns and Organizations：Culture and Environment（pp. 23-49）. Cambridge, MA：Ballinger, 1988：79-80.

③　Scott, W. R. Institutions and Organizations. Thousand Oaks, CA：Sage, 1995：158.

要里程碑，此一法律政策的强制执行，保障全民参与体育运动的基本权利，促进了我国体育事业持续、健康、快速发展。而组织在面对政治性、竞争性、法规性与规范性等不同体制环境时，对绩效的正当性与权威正当性会产生不同程度的知觉①。

（2）规范同形

此现象的形成是基于场域内的组织所具备的专业性所引发，借由专业化的来源及参考，组织将能够透过内部调适机制，使得组织在场域内的行为规范获得群体的认可及支持②。由于该力量源自专业化的规范、专业本身的凝聚力、群体共识及专业团体对组织所带来的压力，因此，组织外部的群体价值及信仰对于组织规范的决定扮演了很重要的角色，而让周围个体产生同形的现象。如以现今体育教育体系发展现状角度来讲，在体育教育专业知识逐渐标准化、统一化以后，与体育教育相关的专业人员或研究者们所接受到的教育训练与理论知识趋同，从而形成相似的知识、背景与价值观念。这是因为组织生存在相同环境，接受相同社会义务，并承诺共同的价值。

（3）模仿同形

模仿同形的力量是组织在对自身未来不确定情况下所做出的一种规避行为。当组织无法理清所面临的环境时，或这种环境存在的大幅度的波动和不确定性时，管理人员无法给出"适当"的策略，在这样的情况下，只能以假定的方式认为这种策略适合在此种环境下解决某种问题，进而决意加以抄袭，这种方法既能够达到规避风险的目的，同时，又能够避免竞争对手优势的建立。因此，从一定层面来讲，模仿同形并不一定是为了改善绩效，当中更多的可能是在面对过度不确定性与无力感情况下的一种回避行为。

由上述论述可知，体制观点所主张的组织同形是因为受到加诸于他们的体制压力所造成的影响，这些体制面的同形力量，会使得处在同一体制环境中的组织，因为知觉到相同的法规性、规范性与认知性等体制力量的形塑，产生共同意义的符号与行为系统；组织顺应这些压力将使得其在结构安排与行动上产生改变，而逐渐形成彼此同形的现象。体制学者们具有相当一致的看法。

（四）松散结合组织结构

DiMaggio 和 Powell 强调体制环境造成在这个环境的组织结构朝向相同类

---

① Scott, W. R. Institutions and Organizations. Thousand Oaks, CA: Sage, 1995: 158.

② Larson, M. S. The Rise of Professionalism: A Sociological Analysis. Berkeley: University of California Press, 1977: 357.

型，这样的论点很明显地指出体制环境的影响是非常显著的，因此同形化的方向是很容易地表现出来，但是事实上，体制环境中不会只有单一重要或明显的影响来源，所谓"体制环境"并不是完全同质的，甚至因此相互冲突。也因此，延伸出来的问题是，当一个组织面临互相冲突的体制影响源而无法排列出高低顺序，又必须同时符合这些冲突的要求时，这个组织应如何应对？更具体的来说，如何在组织内部结构的安排来遵循不同而冲突的体制要求？Meyer 和 Rowan 提出的松散结合组织结构论点，可以试着回答这个问题。

以松散结合论点来看，在一个组织的不同部门彼此的协调与组成关系并不是紧密相扣的，所以不同部门可以应付不同或相互矛盾的外在要求而不会导致组织的冲突。而最主要的是，当组织同时面对来自体制环境与技术环境的限制时，组织会尽量设法满足体制环境的要求，组织因为取得体制规范要求的合法性及信赖，因此对于组织技术或商品的评估显得不是那么重要，换句话说，相较于技术专业或产品的复杂而难以客观评价时，对于组织是否遵守法令规章，是否合法，成为最容易检查的准则，而得以将组织的核心技术部门隔离于外在体制环境的影响之外，这在组织内部缓冲的整个过程是为组织结构的形式之一。也是组织在面对不一致的环境时，最容易使组织存活的结构类型之一。

最后，由于体制环境渐趋将组织互动方式体制正式化，在组织运作方面，行政程序上详细制定每个工作的职权，系统化每个工作流程，客观化每个分工作业，然而另外一个方面是，对具有高度不确定性的技术，专业化是达成合法性的重要机制，基本上是使得任务执行者取得一个合法性的地位并获得专业信赖，进而不怀疑其在任务执行过程所达到的成效；因此，在同一组织中某些部门愈趋向正式体制化，而其他技术部门则趋向自主专业化，这两种不同的发展延伸可能同时存在一个组织中，因为组织机构是松散结合的实体。

第二节　其他相关理论

一、新制度经济学理论

新制度经济学指的是一种通过采用主流经济学方法来分析制度的经济学。随着新制度经济学研究的不断深入，新制度经济学现已形成一个完整的理论体系，衍生出多个分支学科理论，包括交易费用经济学、产权经济学、委托与代理理论、公共选择理论以及新经济史学等。20 世纪 70 年代，凯恩斯经济学对于新出现的一些经济现象丧失了基本解释力，在此背景下，新制度经济学逐渐形成并发展起来。当前学界普遍认为，新制度经济学是由 Coase 的《企业的性质》（*The Nature of the Firm*）这篇文章开创的。这篇论文特别引人注意的是，将"交易成本"（或各种配置的相关费用）概念引入经济学的分析中，并指出厂商和市场在经济交往中的不同作用，也是两种相对的治理方式，采取不同治理方式的原因取决于何者的交易成本相对较低。

"厂商与市场的边界"牵扯到一个组织决定哪些业务或活动在厂商内部交易，或透过外部市场交易的策略性问题。基于交易成本经济学的观点，企业家如何对厂商内部生产或透过外部市场购买呢？威廉生认为"资产专属性"是诸多交易成本因素中最为核心的要素之一，资产专属性较低的业务可采用外包方式进行，因为低资产专属性不需要与外包伙伴之间进行过多的沟通与咨询交换，且外包伙伴可同时经营大量的相似业务，有利于促成规模经济，从而达到降低交易成本的目的。而高的资产专属性必须要进行频繁和大量的信息交换及前期交流，交易的成本显著增加。同时，高的资产专属性的客户存在量十分有限，甚至是唯一的，在这样的条件下根本无法形成规模经济。

经由以上分析可以得知，古典经济学只关心生产成本，而新制度经济主义论者则把焦点放在交易成本。资产的专属性、不确定性等因素使市场内的交易复杂，并导致高昂的交易成本时，厂商为了节省成本，最好把交易内部化。换句话说，也就是厂商内的交易成本比在市场的交易成本低时，该交易才会在厂商内完成。根据科斯的"交易成本"理论，厂商（包括企业或公司）组织的形成，是为了降低市场交易成本。此外，随着外部环境科学技术发展的变化，交易成本显著降低，大大减少采取"内部化"的利益，同时今后厂商所赖以生存和获利的来源，并不完全在于降低成本，而在于是否掌握某方面的"核心能力"的优势。

经过前面的了解，交易成本与制度之间的关系是互为因果、互为本质的，而且可以看作系列的制度成本。新制度经济学是从交易成本的角度，解释厂商为何存在，以及财务采取何种形式存在。它把制度选择看成一个经济决定，与其他的配置选择共同产生。

二、制度变迁理论

North 在学术界最具特色的是其制度变迁理论，将新古典经济学的理性选择模型应用于制度变迁分析上，不仅扩展了新古典经济学理论的分析范围，也为制度变迁的研究提供一个新的研究方法。North 身为新制度经济学之父，其学术影响并非仅仅在于经济学领域，对新制度主义政治学也有很大的影响，如何降低交易成本从而促进经济成长，并从中理解制度的变迁。North 从 20 世纪70 年代中期到 80 年代认识到新古典经济的世界具有明确的产权制度却没有交易成本的概念，因此许多隐藏在交易成本的费用都没有被估算。

North 在 *Structure and Change in Economic History* 一书中，提出三大基础：国家、产权和意识形态来解释制度的变迁。国家执行政策与监督产权的复杂性来突出交易成本的重要性，以至于必须由意识形态来降低交易成本，并克服集体行动的搭便车行为。意识形态理论的提出有利于克服新古典理论对制度变迁解释的不足，一方面理性选择理论解释人们的利益极大化行为；另一方面意识形态则为新古典无法解释的非理性利他行为提出合理的说明。该书中将有限性、机会主义等人性假设和意识形态分析运用到了制度分析领域，此外，当中融入了科斯的产权分析理论。这本书成了 North 制度理论的代表作，制度理论也从此出现了三大基础：一是产权理论。主要用于解释个人和团体的激励制度。二是国家理论。国家是产权规则的规定者和执行者。三是意识形态理论。主要用于描述不同的现实观念是怎样影响个人对环境的反映的理论。产权是约束人们追求利益最大化行为的一系列制度、政策、规范，它是经济生活的行为准则，也是经济成长的激励制度。产权的出现是为了降低市场上的交易费用，让统治者自身能够获取最大的收益，市场上的行为者也可以压低产权交易的费用，多以产权的运作通常需要由国家的公权力来维持。交易过程的不确定性和费用，所以需要一种关于意识形态的理论来解释。

交易成本观念最早是由英国经济学家 Coase 所提出，认为在市场建立一种制度关系，或者说通常将资源结合起来形成像企业那样的组织，可以减少在市场交易过程中的某些投入成本。North 认为制度能够透过其约束和惩罚功能给经济活动中的人们有明确的预期心理，因此能够减少机会主义的经济行为，进而降低整个市场上的交易成本。诺斯从交易成本观点来解释制度变迁，当行为者发现目前制度框架无法降低他们的交易成本，甚至减损他们的外部收益时，将推动制度变迁来达到他们的目标。

交易成本的分析法为 North 主要研究制度变迁的成本分析工具，这方面主要是受到 Coase 的影响，后者关心的是企业在市场上的交易成本，前者关心的是决定整个经济绩效的交易成本。在制度变迁分析上，North 一方面保留了新古典经济学的成本效益分析；另一方面则加入历史分析法，把制度视为经济发展的内生变数，分析了制度变迁发生的原因、模型等问题。Willialsoll 把社会的或制度的分析分成四个不同的相关层次：第一，社会镶嵌。位于制度的最高层级，其主要构成为非正式制度、社会风俗习惯、社会伦理、宗教信仰、语言认知等，它奠定了社会制度的环境基础，是社会理论研究的基本内容。第二，制度环境。制度层次的第二个层次，包括详细规定的制度、政治体制和基本的人权、产权及其分配等正式制度和游戏规则，特别是保护财产权的相关机制（政体、司法与官僚体系），属于新制度经济学中产权与"实证政治学"范畴。第三，治理制度。制度层级的第三个层次，这是给定的制度环境，人民将参照制度（治理）的安排作出选择，包括游戏规则的运作，特别是与契约的订立与执行相关的交易成本问题，属于交易成本的经济学范畴。第四，资源配置。这一层次的制度是给定在前三个层次的制度后的每日运作。由个人偏好出发的供需均衡，是新古典经济学与代理人理论的范畴。

威廉生的分析框架一方面对制度进行了明确的层级划分，同时，另一方面也对各层级的作用和演变程度进行了分别考察。其不同层次分类的最核心意义，在于"社会现象能否'化约'成社会成员及其之间互动的结果?"的问题，也就是方法论上个人主义和全体主义的"个人选择"和"结构限制"之间的两难问题。

上述的四级模式中，"制度环境"被划分为如下两个部分，即非正式制度环境和正式制度环境，其中前者一般为社会规范、价值观、态度以及习俗等，后者一般为法律法规、官僚体制等。此外，其中的第三层次"治理制度"，不论是新制度经济学还是实证政治学，对于制度研究的兴趣，都存在从经济学挣脱出来的动机，经济学方法因为在"个人结构"困境上选择站在"个人选择"的一方，就自然成为着重个别偏好聚合过程的研究。

三、制度教育学理论

一直以来，人们对教育都极为重视，而对于教育制度的关注也十分强烈，且已有一定的历史。制度主义思潮兴起以后，引发了学者们对教育制度研究的广泛追寻，以制度的视角对教育制度展开了社会学式的创新研究。这进一步拓展了人们对教育制度研究的视角，衍生出了更为丰富的教育制度研究方法，形成一套完整的特色化学派——制度教育学。

（一）制度教育学的基本理念

（1）制度自带的教育价值

弗洛伊德曾经在其关于"爱与文明"的论述中阐释过制度对人发展的影响问题。他认为，由于人类文明的一些异质发展现象导致了对爱的压抑，使得人们的精神世界被不同程度的侵蚀，因此，需要构建出一个开放、多元、自主的社会环境为人的心智健全发展提供制度保障。在团体心理学领域也分别基于权威、民主、放任等几大维度阐释了制度对儿童发展的影响，这在一定程度上也论证了制度的教育功能。另外，一些学者针对官僚体制与人格之间的关系的研究成果也为制度的教育功能给出了有力的证据。如默顿（Merton，Robert K.）在其研究中提出的"训练性无能"的观点，该观点认为科层制的效率仅仅是对于例行事务而言的。按照这一观点，这种高效率容易导致刻板、墨守成规，当遇到一些特殊事件时，原有的条件发生了变化，动作反应就会变得迟钝、缓慢①。虽然诸多研究理论均表明了制度具有教育的功能，但一直以来传统教育学对制度的这一功能关注度并不高。传统教育学理论更多是强调如何发挥教育功能以及教育目标的制定、教育内容的选择、教育体系的架构、教育方法的研究、人员素养的提升等方面。关于教育功能的战略维度主要体现在通过理性的设计、统筹规划、专家引导、组织的建设和外延的扩大再生产方面。最终通过不断地集聚形成了一种理性化的教育制度，并成为教育的灵魂和核心所在，各种教育行为都要遵循这一制度，从而使得传统教育学原本的那种忽视制度自身教育的倾向得到了进一步的强化。制度教育学就是要探讨隐藏在这些显性因素背后的教育制度。

（2）向不说话的教育制度挑战

所谓"向不说话的教育制度"就是指在根本上制约着并潜移默化地影响着教育过程的教育制度。在传统教育学当中，教育制度被看成一种客观中立、不成问题的无声背景，正是因为这种观念的存在才使得教育制度规避了理性的裁量。然而，在现实当中这些制度并非是无声的，它被隐藏在学校及学校教育行为的方方面面当中，学校的建筑、人际交往、教育理念、教育手段、教育组织结构、教育发展战略，甚至还存在于心理氛围当中，以一种潜在的方式对教育实践活动进行实际控制。教育制度对教育实践所发挥出这种实际控制作用往往与传统教育学意识到的教育制度显性影响作用是相反的。因此，在这样的制度氛围下所给出的制度安排看似理性，实质却在逐步侵蚀理性，将逐步变成某种社会支配力量手中的工具，因为在这样制度安排下所培养出的只能是人的工具理性；各种看似有利于社会公平实现的教育措施，其实际作用却在不断地强化着社会不公，让人们沉浸在虚假的公平世界当中，从而不再感到忧虑和警觉。所以，制度教育学首先要解决事情并不是教育制度核心地位的确立，而是要向这种一直处于教育实践核心的制度挑战，以重建人们对制度的意识和控制。但是，需要强调的是，对于此种挑战的方式在制度教育学研究领域有着不同的体现。较为主流的方式有如下两种：一是制度干预方式。制度干预指的是通过对制度现实变革，使其原有的复制链条被拆解，构建出一个全新的能够让

---

① 谢立中. 西方社会学名著提要 [M]. 南昌：江西人民出版社，1998：184.

社会普遍认可的价值观念的维护者；二是制度批判方式。起初，制度批判是基于再生产理论这一框架下实现的，随后逐渐发展成为基于抵制理论构建而成的新的框架形式①。制度批判以期能够让现实教育制度的丑恶一面公布天下，让社会认识到它的虚伪，从而对其加以抵制。这种批判希望能够从"草根"里吸纳社会变革的力量，探寻社会变革的方式方法，具有强烈的"解放"期许②。制度教育学认为，要想停止这种潜在的教育复制活动，赋予人新的生命和活力，就必须要对现有的制度框架进行强烈的批判和深度干预。

（3）推行平民主义、浪漫主义的激进自治

从前文的论述可知，制度教育学主要存在两种作用方式，即制度干预和制度批判，虽然这两种方式的作用机理有所不同，但都是为了通过制度实践来改变教育现状。但是需要强调的是，这两个派别并非是要去构建新的"既定的"制度，其根本目的是要让集体恢复建立制度的能力，形成一种"建立之中"的制度状态（即能够根据需求和条件变化对制度进行修正）。因此，制度教育学就是要实现对学校中"既定的"结合变成"建立中"的结合，其主要作用就是通过采取多样化的中间媒介活动以及一些既能够实现正常履职，同时，又可以实现集体内外往返机构的制度，从而打破原来的固化行动模式和校长干预的长期存在③。

在 M. 洛布罗将这种"建立之中"的制度，看成是"教育学的自我管理"制度。那么，又应该如何去理解教育学的自我管理？在现实中，学生与教师都没有编制教学大纲或考试决策等权利，而在这些之外的所有与学习生活相关的一切教育活动都应交给学生，即在"建立之中"制度框架中的所有活动和工作组织，都应让学生来自由选择，这即是对教育学自我管理原则的解释④。从这个角度出发制度教育学倡导的是一种充满着浪漫主义情调的自治制度。从一定层面来讲，这种对浪漫主义的追寻就是为了预防理性滥用而矫枉过正的产物。当自治被当作制度教育学的理念时，其本质上就是为了通过采取极端的手段来冲击现代过分理性化的制度框架，并试图打破并重建一种新的自由化的制度框架。另外，这种浪漫的追寻也反映出了人们的平民主义情结，即"草根"情结。制度教育学由于深受卢梭和西方马克思主义的影响，表现出了十分显著的草根意识，表达了对下层民众的强烈关切，因此，他们的理论当中也往往包

---

① 杨昌勇. 当代西方"新"教育社会学进展评析 [D]. 华东师范大学博士学位论文，1999.

② 杨昌勇. 当代西方"新"教育社会学进展评析 [D]. 华东师范大学博士学位论文，1999.

③ 联合国教科文组织国际教育发展委员会. 学会生存教育世界的今天和明天 [M]. 北京：教育科学出版社，1996：155.

④ 洪丕熙. 制度教育学——重读《学会生存》[J]. 外国教育资料，1987，16（6）：59-67.

含着大量的促进社会与学校中的社会公平含义，进而对现代资本主义社会及其交易制度进行强烈的批判和不满，把关切的目光主要投向了处于社会不利地位的其他人，并把批判的视线从上层建筑转向了其他常被人们所忽视的一般权利形式。

（二）制度教育学的分析方法

一般认为，社会学中的制度分析主要包含三个层面的内容，即广义的制度分析、狭义的制度分析以及实际的制度分析等①。其中，广义的制度分析主要指的是对一般社会制度所进行的分析，内容包含了所有狭义制度分析的范畴。狭义制度分析则针对的是特定对象的制度的分析，如学校的制度、医院的制度、教会的制度等。它试图通过对狭义层面特定对象的制度分析来打乱相关安排，以期能够对宏观社会产生影响，至少促成"分子革命"②；而实际的制度分析通常又叫作社会分析，指的是在"病人—组织"、团体（特定行业、行政组织、协会、教育组织、社会劳动者等）当中，通过采取一些临床干预手段来实施的制度分析行为。

制度教育学的分析方法主要是建立在上述制度分析的基础之上。在诸多制度教育学分析方法当中，批判是应用最为普遍的一种分析方法，整个批判的过程存在于政治分析当中，包括对阶级的分析、对权利的分析以及对意识形态的分析等。而这种批判体现在制度教育学当中，其主要分析对象则为教育中存在的一系列社会矛盾、冲突以及一些社会压制现象等。批判理论的任务在于深入事物的本质中，去揭示人与人之间的深层关系。在制度教育学的批判当中，重点强调了对社会、经济、文化以及政治和学校的社会关系等宏观层面的批判和分析，但对于微观层面的批判关注不足。

但不管是宏观制度教育学，或是微观制度教育学，均是通过对权利关系、阶级关系以及其他社会关系的分析来描述教育制度的社会本质，并旨在通过揭示教育制度利益背景，或是对教育制度进行批判和干预等手段，来逐步促成教育制度的变革。从根本上来讲，此种做法最原始的错误在于其未能够充分关注到教育制度背后的市场基础，片面地认为只要能够揭露出教育制度阴暗的一面，让其"丑恶"的嘴脸让社会所看清，并对教育制度进行重新的设计，就能够达到教育制度彻底革新的目的。我们应该知道，"近代的制度主义理论是

① 洪丕熙. 制度教育学——重读《学会生存》[J]. 外国教育资料，1987，16（6）：59-67.

② ［法］Gaston Mialaret, Jean Vial 主编，张人杰等译. 现代教育史（1945年至今）[M]. 台北：五南图书出版公司，1993：121.

批判性的，而非建设性；是描述性的，而非理论性；在长期的发展中并不存在一个可普遍适用的模式，仅仅是存在一个看似相同的主题或对象。所以，近代制度理论必然会走向衰落，失去生机①。"应该特别指出的是，当前制度教育学要想摆脱这一现状，扭转生机，就必须要更新分析方法，特别是善于运用和借鉴新制度经济学的分析方法。

---

① 张宇. 过渡之路：中国渐进式改革政治经济学分析 [M]. 北京：中国社会科学出版社，1997：22.

第五章　中国学校体育发展与改革的体制性障碍

第一节　制度规则方面的障碍

一、学校体育改革的体制性障碍

（一）滞后性分析

1. 学校体育改革的滞后于经济改革

在整个社会改革大系统中，经济系统决定了整个社会系统架构，在整个社会大系统中具有着基础性地位，而体育系统也同属于社会大系统的"随动系统"之一，属于一个从属性系统。在这样的地位条件下，学校体育只能伴随着经济系统的变化而进行改变，不可超越也无力超越经济系统的发展。因此，学校体育系统要想发生变化，只能发生在经济系统变化之后，或伴随着经济系统的变化而随之发生改变。这就是学校体育改革要滞后于经济改革的核心原因所在。

2. 学校体育改革任务具有艰巨性

我国现行的学校体育体制和运行机制是计划经济体制几十年长期运行的产物，当中的思想、理念以及所采取的措施和方法等都已经远不能够满足市场经济体制环境下，社会发展对我国学校体育教育的实际需求，因此，必须要对其进行根本性的变革，构建出一个与时代发展需求相贴合的新的体制和运行机制。显然，要真正地实现根本性地变革的难度是极大的。除此外之，这样的改革必然会经过大幅度的利益调整和重新分配，这与所涉及的部门和个人切身利益是紧密相关的，这也成为改革阻力的又一构成。

（二）紧迫性分析

1. 国际宏观环境迫切需要开展学校体育体制改革

随着我国体育运动开放程度的不断提高，尤其是我国对奥林匹克运动参与的高度热情，以及在国际大众体育领域的高规模投入等，都决定了我国体育体制改革和发展也必然会迎合世界体育发展的潮流。因此，我国学校体育体制改革，也必须要符合现代国际体育的大趋势、大方向，并将这一趋势体现在宏观的国家控制和微观的行业管理当中，走一条国际化发展道路。

2. 社会改革和发展针对学校体育体制改革具有新需求

随着我国社会经济的快速发展，我国全面建设小康社会和建设中国特色现代化国家的目标越来越近。在新时代背景下，社会化大生产发展的广度和深度在不断地推进，各种新时期背景下新的经营方式大量涌现，对我国生产方式、劳动结构、阶级结构以及社会结构产生了深刻的影响，为广大人民群众带来了更多的物质享受和精神财富，人们的生活水平有了显著的提升。中国经济的快速发展，为我国体育事业未来的发展奠定了坚实的物质基础，同时，体育事业发展物质供给的方式也在发生着显著的变化。体育资金的供给渠道、供给主体结构和性质的变化，使得市场、个人、家庭、社团、企事业单位等既是我国体育的消费者，同时，也成为体育的投资者，体育产业将成为我国经济发展的一个新的增长点。

我国的社会结构发生了显著的变化，这些变化在我国人口年龄结构、就业结构、城乡结构等方面表现得更为突出，这对于我国体育事业的发展将会带来重要的影响。进入二十一世纪，我国的人口老龄化问题越来越突出。原本的以青少儿童为主体的学校体育、竞技体育将逐渐失去年轻人口结构下的发展优势，社会体育的发展必然要面对更为庞大的老年人口基数。在我国当前相对较低的社会保障水平下，老年人的健康、农村健身体系建设等成为我国体育体制改革必须高度关注的问题。

（三）渐进性分析

1. 受到政治以及经济改革特征的影响

当前，我国的经济体制已经实现由传统的高度计划经济体制向社会主义市场经济体制的成功转变，完成了对我国经济体制的根本性变革。在探寻经济体制转型的过程中，始终坚持积极稳健的基本原则，实行渐进的改革策略，最终保证了改革的成功。这一原则对于我国政治体制改革同样是有效的，而中国学校体育既具有上层建筑的属性，同时也是我国重要的生产力，这决定了我国学校体育体制改革也必然具有与政治体制改革相同的属性特征和道路与方式选择，也实行渐进性的改革策略。

2. 受到体育改革属性认知的影响

经过多年的改革实践证实，学校体育体制改革不可能在短期内一次取得成功，需要进行反复的实践、认识，不断地积累改革的经验，深化对改革本质的认识。我国计划经济体制存活了几十年，由此对人们工作、生活以及价值观念所产生的影响是根深蒂固的，甚至人们已经被计划经济体制塑造成为其专门化的人力资产。而当今面对改革，则需要将这种已经被塑造成为专门化的人力资产，转化为为市场经济发展服务的资源，并尝试挖掘出这些资产更多的潜在价值，必然需要历经较长的周期，付诸大量的实践探索，不仅如此，在改革的不断推进，人们自身的特性也随之发生着变化，随之而来的就是人们对改革前景的认识、预期以及理性基础的变化。

3. 受到客观物质环境条件的影响

不存在无成本的改革，任何改革都必然要付出一定的代价，学校体育体制改革同样如此。随着我国综合实力的稳步提高，我国学校体育体制改革也必然会渐进地取得最终的成功。

（四）长期性分析

受各种历史因素以及学校体育体制改革渐进性等因素的影响，学校体育体制改革的历程要明显长于社会体制改革。例如，学校体育体制改革需要改变传统的体育产业观念，走大产业化发展道路；需要建立起新的体育市场体系；需要转变原有的体育行政部门职能观念等等，其中任何一次改变或观念形成都需要经历较长的时间。经过一段时间的努力，在我国《体育法》中已经对学校体育体制改革的基本形式进行了确定，这为我国学校体育体制改革打下了坚实的法律基础，也决定了我国学校体育体制改革必然会不断地前行，在实践中积累到更多的经验与成果，逐步地向改革目标奋进。

二、学校体育缺少监督机制

（一）学校体育监管的法律法规体系不完善

学校体育监管主体交叉存在于多个行政部门当中，其职能关系复杂，同时缺乏足够的法律监管依据，当前仅有的监管依据是 1990 年 2 月 20 日经国务院批准，1990 年 3 月 12 日国家教育委员会令第 8 号、国家体委第 11 号令联合发布，2017 年 3 月 1 日《国务院关于修改和废止部分行政法规的决定》修正的《学校体育工作条例》，并不具有真正意义上的法律效力，仅是一种行政性法规，同时，也缺乏完善的维护青少年儿童健康的基本法。

（二）学校体育部门之间的监管职责过于分散

教育机构的体育卫生艺术行政部门是我国学校体育的主要监管机构，由于我国体育机构隶属关系复杂，条块过于分散，导致我国体育卫生艺术行政部门难以对全行业形成有效的监管。另外，学校体育制度执行中没有落实评价制度，导致学校体育制度的执行缺乏共识。一般而言，制度、政策执行绝非是政策制定的结束，相反地，它是制度、政策制定连续过程中，另一个阶段的开始，因此，如何有效执行制度、政策才是重要的问题。要达成学校体育目标最重要的因素即是执行的问题，完整的学校体育制度、政策制定有赖于务实的学校体育制度的落实。

（三）学校体育治理架构基础不实

学校体育作为教育行政部门的隶属事务，不具有独立法人主体属性，治理关系相对复杂，同时，治理的要素本身最为核心的就是要实现主体明确与权责分明，这样则造成了我国学校体育治理缺乏坚实的架构基础，导致我国学校体育监管长期处于薄弱状态。

（四）社会团体参与度不高

现阶段，政府行政机关依然是我国学校体育监管的主要力量，且未设立政府之外的监管机构，政府之外的独立第三方社会团体监管尚属于空白。

三、学校体育立法层次低

（一）学校体育法规存在立法层次较低问题

我国各地目前出台的与青少年体育有关的大多数政策、法规以及文件，立法层次还相对较低，依旧停留在地方性行政规章制度层面。关于出台青少年体育的专门性法律，尽管学界已经强烈呼吁五六年，但至今没有引起有关部门的重视，也没有进入人大立法视野，这在一定程度上影响了学校体育的发展与改革。

（二）原有相关法律内容陈旧，亟待修订

我国现行法律法规中，有《学校体育工作条例》与《体育法》，分别是1990 年与 1995 年颁布实施的，不少内容与当下学校体育工作新形势已不相适应，不符合当下青少年体育新要求，诸多问题已无法解决，修订和完善已迫在眉睫。

（三）与学校体育相关的配套文件数量不足，且缺乏可操作性

近年来，大多数省市出台的与学校体育相关的文件重点都以"工作通知"与"实施意见"形式出现，还有就是对上级部门文件进行转发，结合各地实际的实施细则、工作方案较少，以地方正式立法的相关法规更是屈指可数。基本上是以发文件落实文件，缺乏逐级逐条的检查评估，实际工作效果相差较远。部分地方、学校对加强青少年体育工作的重视程度依然不够，如西北地区。有些地方虽然出台了学校体育的实施意见或通知，但是措施不够具体，内容不够完善，调研中发现，很多地方出台的文件政策内容不具备相应的可行性，以常规性口号与要求居多；对于青少年体育各项工作来讲，无法可依现象较为严重，在财政预算、师资配备、检查评估、管理制度等方面缺少具体的标准和政策依据。

四、条例、办法等非正式制度、政策影响大

亚当·斯密就对正式制度和非正式制度进行了相关研究。他认为：在人类社会这个大系统中，每一个个体都有它自己的规则，这与国家机器给他们强行设定的规则完全不一样。非正式制度是不能在结构上加以构建的，通常是文化进化所形成的规则，却常常对人们的行为具有强大的约束力。

（一）两个《条例》的发布与实施

20 世纪 80 年代后期，我国制定了一系列符合我国学校体育的制度、法规，例如：1990 年 2 月 30 日，《学校体育工作条例》经国务院批准，于 1990 年 3 月 12 日由国家教委主任李铁映、国家体委主任吴绍祖签署发布命令正式实行，有总则、体育课教学、课外体育活动、课余体育活动、课余体育训练和竞赛、体育教师、场地器材设备和经费、组织机构和管理、奖励与处罚、附则共 10 章 31 条，分别为学校体育工作的具体问题作出了明确规定。1900 年 4 月 25 日，《学校卫生工作条例》经国务院批准，于 1990 年 5 月 28 日由国家教委主任李铁映、卫生部部长陈敏章签署发布命令正式实行，有总则、学校卫生工

作要求，学校卫生工作管理、学校卫生工作监督、奖励与处罚、附则共 6 章 41 条。这两个条例是新中国成立以来国家制定的关于学校体育卫生最全面、最具体的行政法规，为学校体育工作的制度化管理创造了有利条件。

（二）大、中、小学校体育合格标准的规定与执行

1987 年 9 月，国家教委颁布《中学生体育合格标准的实行办法》。1990 年 9 月，国家教委颁布了《大学生体育合格标准》及《大学生体育合格标准实施办法》。1992 年 2 月 24 日，国家颁布了《小学体育合格标准实施办法》。分别对中学、大学以及小学体育合格标准进行了明确规定，也是国家针对全国青少年的体质状况与体育锻炼所提出的基本要求，亦是对两个条例的具体落实。

（三）《国家体育锻炼标准》的发布与实施

1989 年 12 月颁布实施的《国家体育锻炼标准》（简称《标准》），是在 1982 年颁布的《国家体育锻炼标准》的基础上进行修改而成的。《标准》既包括了身体锻炼的内容，又包括了检验锻炼效果的标准以及奖励制度等几个部分。《标准》在总则中明确指出，大力倡导与推动广大人民群众，尤其是青少年都能够积极主动地进行体育锻炼，促使其体质得以增强，运动竞技能力得以提升，共产主义道德品质得以培养是《标准》制定的根本宗旨，并规定《标准》在学校体育中全面实施。

（四）《十二年制中小学体育教学大纲》的制定

教育部于 1978 年组织部分专家编写了《十年制中小学体育教学大纲（试行草案）》和《中小学体育教材（试用本）》，尝试新的体育教材与教学大纲基于新的思想体系得以构建。1987 年 1 月，《十二年制中小学体育教学大纲》又被当作九年义务教育大纲随之出台。新大纲确立体育教学"一个目的，三项基本任务"的总目标，同时也为"三项基本任务"的内涵充实了新的内容和要求。

（五）中小学课程教材全面改革

为了深化义务教育阶段的课程内容，使它更科学、更合理、更能适应不同地方中小学教育的特点，更能体现人文化的特点，国家教委在 1991 年正式批准上海以及浙江两地实施课程教材深化改革试点工作。

（六）体育与健康课程标准与《学生体质健康标准》的制定

2000 年 12 月，国家教育部印发了《体育与健康》，以此作为全日制普通高级中学与九年义务教育阶段体育教学大纲。国家教育部以及体育总局在 2002 年发布《学生体质健康标准》，《国家体育锻炼标准》中的学生部分由此《标准》取代并在学校得以具体实施。该《标准》的出台旨在促使学校与家长对学生的健康水平可以做到及时了解，让学生将体育课上好，积极参与体育锻炼，促使其良好的锻炼习惯得以养成，学生的体质健康水平得以全面提升。

（七）《全国普通高校学校体育课程教学指导纲要》的制定

通过归纳整理普通高校体育教学改革发展经验，教育部于 2002 年颁布新《纲要》，并且先在教育部下属的高校予以试行，接着在 2003 年于全国范围内推广。

纵观学校体育发展现况发现：在有关法令的公布与修订部分，种类繁多，足以涵盖学校体育的所有范畴。包括将学校体育的两大主轴，即学校体育教学及体育活动纳入；同时，也将提升学生体适能列入其中；此外，为培养学生热爱乡土意识及落实本土化体育的理念，也将民族传统体育做了建构；再者，为强调主管教育行政机构对于弱势群体学生的关怀，也将残疾学生的运动权利一并列入考虑；另外，在重要配套措施方面，即是改善学校体育运动场地设施，以营造优质运动环境。以上条例、办法、标准等制度为以后学校体育工作制度化、法制化管理创造了有利的条件。但是也存在一些问题：比如，学校体育制度、政策制定缺乏统整性，没有连贯性。

第二节　组织体系方面的障碍

一、学校体育组织机构复杂

校内与校外两种管理机构是我国现行的学校体育管理体制两大组成部分。但是，我国学校体育管理机构又是上下、内外互相紧密联系的统一整体，我国完整的学校体育管理系统是由各级学校体育管理职能与管理机构共同构建而成的。

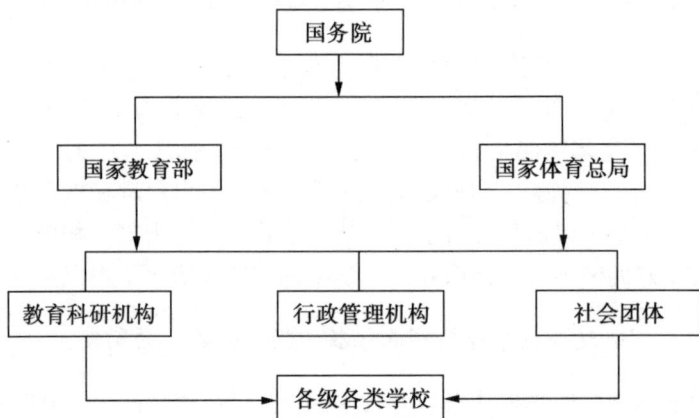

图 5-1　我国学校体育校外管理体制图（引自金钦昌等《学校体育学》1994 年）

（一）校外学校体育管理体制

我国学校体育的校外管理机构

我国现行的校外学校体育管理机制由学校体育社团、学校体育教育与科研机构以及国家学校体育行政管理机构三方面组成，（如图 5-1，引自金钦昌等《学校体育学》1994 年，105 页）。

（二）我国校外学校体育管理机构职能

（1）国家学校体育管理机构的主要职能

教育部、国家体育总局将基于国家相关政策、方针来进行各级各类学校体育工作规划、政策、指导思想以及相关制度的制定；对各种法规的贯彻落实情况进行实施、检查、监督与评估；针对各级各类学校教学制定相应的法规性文件；对体育教材以及全国性学生运动会竞赛计划进行审定；对体育学术交流与学校体育教科研机构各项工作进行指导。

在教育部所属的体育卫生与艺术教育司和国家体育总局所属的群体司负责国家对学校体育管理的以上职能外，教育部现行设置的全国大中小学体育联合秘书处，又具体负责落实和组织全国学生的各级各类竞赛活动和各项目协会组织的管理工作。

（2）省级及其以下各级学校体育管理机构的主要职能

各省、市、自治区教育行政主管部门均设有体卫艺处，体育行政主管部门还设有综合处以指导学校体育工作，各地、市教育行政主管部门还设有体卫艺科，各县、市、区教育行政主管部门同时设有体卫艺股专门配备体育干部。对于省、市、县各级学校体育管理机构来讲，其主要任务就是结合本地实际情况按照国家行政主管部门出台的相关政策、法规性文件制定出符合本地区学校体育工作开展实际状况的相关要求与规定；对本地区各种法规的贯彻落实情况进行实施、检查、监督与评估；负责本地区各类体育竞赛活动的组织与开展；对学校体育学术交流与学校体育教学科研机构各项工作进行指导。

（3）学校体育教育及科学研究管理机构的主要职能

我国学校体育教育、科学研究机构主要是各级体育科研所与教研部门。学校体育教育的咨询、培训、指导、研究工作都由其共同承担。

（4）社会团体机构的主要职能

中国学校体育研究会、中国大中小学生体育协会和各省、市、自治区相应的学校体育研究会以及大中小学体育协会组织等，是我国现行学校体育管理机构的有机组成因素，肩负着对我国学校体育教学、课外群体、业余竞赛与管理开展业务咨询与政策性调研，负责各级体育学术研讨会与学校体育赛事的举办，并且还负责体育师资的各项培训工作。

（三）校内学校体育管理体制

1. 我国学校体育的校内管理机构

我国学校体育的校内管理随学校规模大小、水平高低不同而有所区别。然而，根据上述《条例》的相关要求，学校领导分管学校体育工作，具体执行学校体育工作部门负责，是我国当下学校体育校内管理的重点方式。（图5-2学校体育校内管理机制示意图，107页）

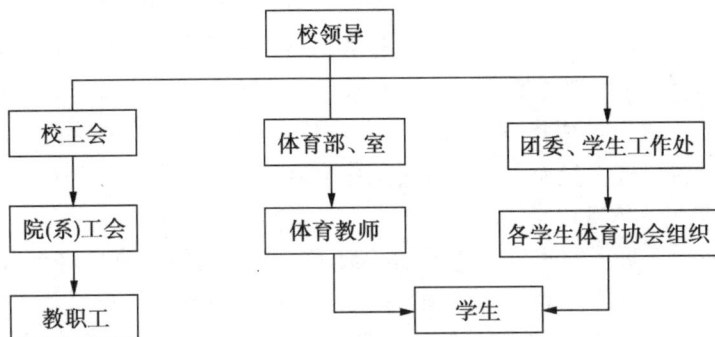

图 5-2　学校体育内管理机制图

2. 我国校内学校体育管理各级职能

（1）校领导

学校体育实施方案、具体安排、指导与检查等工作由学校的分管校长负责。学校分管校长按照上级相关文件精神，与学校的实际情况相结合，总体规划本校体育工作；支持学校体育工作计划的讨论与制定；负责与有关部门的协调工作，努力促进学校体育工作的发展；对校内体育工作进行整体安排与具体分工；对学校体育工作开展情况进行督查；等等。

（2）各个体育部、室

学校体育工作的具体组织实施机构就是各个体育部、室。各体育部、室重点有以下几方面职责：第一，按照上级文件精神，与相关部门共同对本校体育工作计划进行制定，同时负责相关规章制度的制定；第二，对本校体育工作发展提出合理化建议；第三，负责体育课程规划与师资队伍建设计划的制定以及教学任务的具体落实；第四，负责课外竞赛训练与群体活动的组织开展；第五，进一步加大场馆器材的管理与建设以及体育宣传工作力度。

（3）校团委与学生工作处

校团委与学生工作处和各个体育部、室一样，负责学校体育工作的组织与实施。既要组织建设好各个单项学生体育协会，还要基于形式多样的体育竞赛活动的开展促使学生的业余文化生活得以充实。

（4）体育老师

学校体育的具体执行与组织者就是体育老师。他们重点有以下几方面职责：第一，对学校体育工作计划的讨论与制定要积极参与，同时也参与学校体育规章制度的制定；第二，对体育教材要进行认真深入的钻研，努力寻求教法的改进与创新，备好每一节体育课，将每一节教学任务组织落实好，促使教学质量得以保证；第三，努力将课外体育活动与训练竞赛工作组织落实好；积极参加各种体育培训，教书育人，为人师表，努力成为体育骨干老师；第四，努力按照《学生体质健康标准》开展好各项体育测试工作，主动自觉地维护好场馆器材设备，进一步加大体育宣传工作力度。

（5）学生会体育协会

学校有效开展形式多样的体育活动离不开学生会体育协会这支有生力量。他们重点有以下几方面职责：首先，按照学校的传统项目优势以及学生的具体兴趣爱好，努力将各个体育协会组织建设好，吸引更多的学生加入协会；其次，积极做好学校体育的宣传工作，组织丰富多彩的体育赛事；最后，努力组织好各种类型的技术培训与裁判员等级培训活动。

学校组织开展各种教职工体育活动都是由校工会负责的。学校体育教学计划与课堂具体要求都是由教务处这个职能部门负责的。定期测试学生身体机能，健康卫生教育的开展都是由校医院具体负责的。

二、学校体育制度和组织僵化

我国的学校教育有强烈的标准化色彩，同时政治的考量可能更重于文化的考量。一位被访谈的专家这样回忆："我想那个时候，我们也是后来有参与这些课程的标准，我想影响非常非常大，你知道这个就是一刀切，其实这个是不对的，但是这个就是所谓师范教育的最重要的，什么都要标准，所以师范教育学校出来的学生呢，他们都是标准化的，你叫他放在一个学校，你没有这些教材、没有这些标准化的东西他不会教。所以那时候订的课程标准你白纸黑字的话不完整不行，要完整的话，什么都要包括进去，你说可能吗？所以那个时候课程标准执行很多运动项目，有谁可以执行呢？不能执行！但是你标准化白纸黑字出来不能没有啊，所以最后就说这个占几成、那个占几成，都不可行，这个体育课就是你这里有什么就是做什么，所以这个我想非常非常的严重，但是这种标准化只能维持在不好的方面，要好、要坏也就是这样子，所以师范教育最严重的问题就是什么都要标准化。"

由于中央集权的控制，定义了学校应该培养出哪种学生，具有某些特质的能够继续升学，而不具有这些特质的可能会被排除在体制之外，因此不管是师资培育、升学考试、课程内容甚至教科书都有统一且标准化的方式。由此，我们认为，我国的教育法规和制度向来注重"单一化"和"齐一化"，久而久之，便日渐"僵化"甚至"退化"，最终无法适应快速变迁的时代和社会需要。今后我们对于那些齐一化的产物，诸如统一招生、统一命题、单一课程、统编教材、标准答案等，应加以改造，往另一方面去寻求更符合教育原理的解决之道。而对于师资的培育更应拿出最大的魄力，朝向多元化发展。因为一元化的、连锁式的师资培育政策，早已证明与原先所要达成的目标，有计划地培养富有专业精神的师资，越离越远。

多元主义和保守派的争议，显示我国僵化的学校体育体制亟待变革。最初的教育法规定我国中等学校和小学由师范大学和师范学院（师范专科学校）分别培育，后来为配合政府提升小学素质的政策，将师范专科学校改制为师范学院。也有海外学者对国内师范院校垄断师资培育市场表示忧心，他们认为这不是师范院校的错，而是教育体制的错。可以发现当时希望教育松绑其中一个原因为国家控制师资培育的管道，教师为国家政策传达的一线工作者，为符合社会期待，由一般大学甚至专业院校能够共同培育，也是世界潮流。例如美国中小师资培育逐渐成为大学院校的功能之一，而专职机构则遭淘汰；英国师范培育任务也开放给所有高等教育机构；法国由师范学校、地区教学中心及大学三机构合作分担；日本也扬弃公费封闭的师范教育而改为自费、开放的师资养成制度。

师范教育以及过去的课程标准形成了教师容易依循与进行教学活动，标准化的作业流程却忽略了自己本身课程设计的能动性。而当时检讨体育教学绩效尚未落实的原因，其中一项为体育师资缺乏，体育课教学由其他科目教师担任者达近一半，其原因可能为当时体育为包班制导师所进行教学，其专业素养为何不得而知，另外体育师资培育也仅有师范院校进行培育，而体育界也希望非师范院系的体育专业院校能够有培育体育师资的资格，而师范院系也能有培育体育师资的科系。

各级学校课程架构研究发展计划当中也发现些许问题，例如每一科目的学科专家在本位主义下，均主张增加其本科教学时数及教材内容；且科目过于分化，教学时数相对减少，科目间的教材重复性也相对较高；而各级学校教材之间无法做有系统的连贯，甚至同一性质科目名称前后不一；各级学校体育课程，教材未衔接且重复教学，造成资源的浪费。体育的特殊性在于各校师资、场地、设备都有其特色，若以一条鞭式的要求全国一致，确有困难之处，而教材的弹性也是当时学者疾呼的要求之一。各级学校体育课程，针对发展学生个性与身心能力，培养适应未来社会的能力。有必要调整各级学校体育必选授课程的内容与比例。就内容来说，应考虑学生身心平衡发展所需运动教材与能发展个性与兴趣的教材为宜。其比例，以小学生来说，必选授教材为50%对50%，中学以40%对60%，大学生以30%对70%为其原则。如果能考虑到各校场地、设备为地理条件，而使学生能选择适合本身需要的体育教材努力学习，奠定终身体育的基础。我们认为，就形式而言：课程标准，能否一体完成，观测执行，不无可疑之处，因而，作为指导要领或指导大纲，已经可满足全国学校体育的需要。自不必以课程标准形态作形式上的要求；尤其是全国基本条件差异巨大，统一规定，似未尽合理，与其徒法不能自行，有失威信，不如改弦更张，反能具体落实，而收成效。就内容而言：规定越多，弹性越少，不同条件的学校所能发挥的空间越小，学校的特色自难凸显，因而，作为基本需求的标准，应以最低的基准为最佳。

第三节　机制运行方面的障碍

一、高度集中管理体制下利益格局分化

中国学校体育发展的需求是学校体育改革的内在动力，而体育所处的政治、经济、文化、社会环境为学校体育改革提供外在动力，学校体育改革的阻力则来自旧有观念、既得利益者和政策制定者、理论认识分歧和学校体育发展带来的惯性阻力。对各种类型社会利益集团所出现的利益冲突进行解决的过程就是改革，新旧两种体制、规范、行为必然出现冲突，改革就是在动力和阻力较量中、革新和保守的抗衡中、新旧矛盾的交织中开展的。

利益动机是人的需要的具体体现，人的各种活动正是基于利益动机的驱动而得以开展的，致使动机得以诱发与产生的最为重要、最为根本的利益就是经济利益。马克思对此的观点是，个人与人民群众创造历史的原动力一直都是经济利益与物质利益动机与实践，所有的历史活动都包含利益动机。所以，人们对各种利益进行谋求时，总是将经济利益放在首位，然后方是对政治与精神利益的谋求。对政治利益的谋求仅作为一种手段，最终目的都是对经济利益的谋求。对于我国学校体育来讲，其利益格局是在计划经济体制下形成的，所以是一种虚象结构，是控制在政府制度这只"有形手"之中的，这种利益格局是政府意志的一种体现，其实质就是社会主义利益格局的缩小版。在传统计划经济体制下，社会利益关系处处体现着"平均主义""共同富裕"。各个社会成员只要同属一个团体、一个阶层，其对社会资源的支配与占有形式都是相同的，拥有"规定"的一致性。

所以，和社会主义利益格局相同，学校体育的利益格局也有如下几个特点：首先，学校体育的利益总代表就是国家政府，其利益主体极为单一；其次，利益层次纵向性极为显著；最后就是利益的刚性化。学校体育归属于社会主义公益事业范畴，都是由政府统包的。对于学校体育的各级各类管理机构来讲，都是创造社会效益，无任何经济价值产生，各级教育管理机构本身无独立管理权，其本质就是国家政府的附属物，因此其利益也具有同样的属性，无独立性可言。对于学校体育而言，政治利益最大化是政府对其最终追求，而各级教育部门都是为国家政府谋求政治利益的，所以基于学校体育而谋求到的政治利益，说到底即国家政治利益，纵向化的利益层次与单一性的利益主体由此而

形成。此种利益分配格局是基于高度集中管理体制而形成的，对国家经济利益的增长是不利的。利益只要已经获得就不能让其再失去，并且只能增加不可减少，哪怕原来获取利益的条件已经失去，也一定要获取利益，这就是利益刚性化。诸如学校体育部门的教职工的工资与福利基于事业经费是国家供给的，无论干好干坏只能涨不能降，就是利益分配刚性化的具体体现，不具备相应的弹性，难以调动劳动者的积极性，人的依赖性却因此而养成。大家还是吃大锅饭心态，对社会财富的创造与学校体育的发展都是不利的。

二、机制运行低效

国有、由政府统一进行管理、政府既是学校体育事业的所有者，又充当管理者角色，是我国学校体育管理体制的基本模式，其职能与角色都是多重的，致使政事不分的现象出现，同时也让学校体育事业职能扩大化。这种模式重点有如下弊端：首先，太多的事业都由国家来包办，致使效率不升反降；其次，行政、事业单位职能不分，学校体育事业单位行政化，变成政府部门的附属物，不具备自我发展、自我约束应有的压力、活力以及动力，致使其服务效率不高；最后，吃大锅饭现象基于政府对学校体育事业单位实行财政统包而依然存在，机制运行效率不高，不能形成有效的激励机制。

第六章　我国学校体育发展与改革的体制性障碍的成因分析

第一节　体制性障碍形成的因素

一、外部因素

为探讨学校体育体制性障碍形成的外部因素，兹分别就政治、社会、经济、教育与文化等四大方面加以归纳分析：

（一）政治方面

1. 政治民主化的冲击

民主政治的精神即在强调主权在民、机会均等、全民参与及分权分责的政治制度。因此，其对学校体育的发展应当依循民主政治的精神以及学生的健康促进为目标，应以学生的实际需求来做体制与制度制定的考虑。同时，应认识到运动是学生的基本权利，人人均有参与运动的机会。

2. 国家竞争力的提升

提升国家竞争力一直是政府施政的重点工作，国家竞争力的根本之道乃在于国民的健康促进。而竞争力乃由人做起，因为没有健康就没有一切。因此，学生健康指标好坏将攸关国家竞争力至深且巨。因为脑力加上体力等于国家竞争力。

3. 国际能见度的扩展

随着全球化与地球村的普及，加上传播媒体无远弗届的力量，均加速国人对于全球各类信息的掌握。其中，国际运动会信息的获得更为快速。基于此，但凡一个运动水准极高的国家,通常它的国际知名度也必然相对提高。尤其运动的世界不分国界,只要有实力就可扬威于国际体坛,增加一个国家的国际能见度。而运动竞技水准的提高也是学校体育的重点工作。

(二)社会方面

1. 社会急剧变迁

现代化的特征包括知识的变化迅速、知识来源渠道多样化、社会价值观念多元化、疏离的人群关系及族群自我意识的高涨。因应社会变迁快速,学校体育的制度也应有新的思维来契合变迁的社会需求。尤其是透过体育教育来培养学生团队合作与公平竞争的精神,并可缩短人际间的疏离。

2. 人口变迁改变

根据我国公布的社会指标统计、人口及居住调查报告等资料显示,我国的人口变迁呈下列现象:人口增加、人口密度升高、人口老化及人口集中都市等。此资料应可提供学校体育从业人员在课程设计及活动管理的参考依据,特别是在全民对于健康意识上的唤醒。

3. 家庭结构改变

就家庭结构而言,已从传统的大家庭,逐渐转变为小家庭或折中家庭。另外,离婚率的逐年增加、非婚生子女比例逐年提高,这些都是我国社会变迁的特点。其也导致国内青少年问题层出不穷,而学校体育的活动当可适时减少青少年问题的发生。

4. 休闲社会的到来

随着国民对健康意识的觉醒以及政府实施周休二日制度的结果,促使国民闲暇时间的增加,并且重视休闲活动的充分运用,可见我国已经成为一个休闲化的社会。同时,国内整体的休闲意识也将日益抬头,因此,学校体育所扮演的角色将更加重要,其也从近年来国内纷纷成立社会体育学系得以验证。

(三)经济方面

1. 国民收入提高

由于我国国民收入的快速增加,使得国民生活水平明显提升。当然,国民收入的提升,也将促成运动与休闲支出的增加。具有扮演国民经济活化角色的休闲运动也受到重视,而体育产业将成为 21 世纪的重要产业之一,其对振兴国内经济而言有所帮助。

2. 就业结构的改变

由于我国已经从农业社会蜕变为现代化工业社会,尤其因人力素质提升所导致的服务就业比重，也提供国人更多休闲时间。因此，当国内的工作形态普遍偏于静态方式居多时，提升学生体适能及促进学生健康更有其必要性。

3. 休闲行为改变

经济水平与教育程度的提高，直接促使国民休闲体育活动的蓬勃发展，其也带动民间消费支出结构的改变。此一结构性的改变，提供了学校体育更大的发挥空间。尤其是周末双休日，学生对于休闲行为也产生某种程度的变化。

（四）教育改革的推动

国民教育水平的提升，不仅奠定经济发展厚实的人力基础，也提供学校体育发展的机会。从我国教育的发展可发现，不论在质与量的方面均有相当的成效。特别是教育改革的推动，更受到全民的期待，虽然在绩效部分难免有所落差，但其对国内发展而言，的确占有重要地位，也唤醒行政部门对于学校体育的重视。

1. 本土化教育及民族传统课程受到重视

现代社会虽然受到全球化及国际化的冲击，但也面临本土意识的抬头。教育部门鼓励民族传统体育在校园中扎根，另外也重视乡土文化教材的教授，可见本土化及民族传统课程受到青睐。

2. 文化价值多元化

在多元文化之下，部分运动文化价值虽然促使学校体育发展，但仍有部分不适当的运动文化影响现代学校体育体系，造成学校体育在教学、活动、行政运作及运动场地设施上的诸多缺失。因此，如何在文化价值多元化中形塑优质的体育文化更是我们所强调的，特别是在体育观念的改变更有其必要，其也连带波及体育规范及体育事务，颇为重要。

二、内部因素

为探讨学校体育政策问题形成的内部因素，兹分别就教育理念、体育教学、体育活动、体育师资及运动场地设施等五大方面加以归纳分析如下：

（一）教育理念方面

传统升学主义影响：传统的升学主义导致考试引导教学，并过分重视学历文凭，形成以考试为目标的独特学校文化。因此，学校只重视智育而忽视体育的现象普遍存在。

教育机会均等的观念：带好每一个学生是教育理念中的坚持，而让每一位学生均能适应性发展也是不容忽视的课题。因此，公正与正义是教育行政机构责无旁贷的工作要项。

教育资源运用的增进：整体的教育制度缺乏前瞻的革新机制，教育资源运用有待提高。因此，学校使用在体育的经费十分匮乏，甚至严重不足。

学生运动权利的考量：未能充分照顾教育对象的明显存在，忽略运动是学生的基本权利。殊不知，唯有朝全民化与普及化的方向来推动学校体育才能符合学生的需求。

（二）体育教学方面

教材教法的改进：学校体育教学内容与方法有待检讨改进，其实施内容及方法未能有系统循序教学。

课程的改革：学校体育课程不能符合时代潮流，如广开兴趣进修课程，并提供多元化课程内容。

课程模式的开展：未能发展各级学校体育课程模式，导致体育教学未能落实。

课程大纲的发展：未能发展各级学校体育课程大纲，导致学校体育教学品质未能大幅度提高。

（三）体育活动方面

非竞技性体育活动内容有待普及：学校非竞技体育活动有待充实普及，其导致学生规律运动人口偏低。

院系体育活动活络不足：由于院系体育活动活络不足，导致自主性体育社团尚待扩展。

校际体育活动制度有待建制：由于校际体育活动制度未能落实，导致推广多元化的校园体育活动未能普及。

（四）体育师资方面

体育教师的专业不足：由于体育教师在专业知识技能的提升有所不足，在教学品质的提升上也有待强化。

体育教师敬业态度有所不足：未能建立完善考核制度及减少不适应性体育教师的存在。

现职体育教师的进修意愿不高：加强现职体育教师在职进修与回流教育，以提升体育教师的整体素质。

体育师资专人化制度仍待强化：以消除体育课沦为配课的窘境，体育课也才有存在的必要，体育教师也才有未来性。

（五）运动场地设施方面

运动场地设施不足：学校运动场地设施有待充实改善，其影响学校体育的实施与推展。

维护管理制度的建立尚未健全：虽然有关法令均已经规定学校应定管理办法，仍有学校未能予以落实，产生校园运动场地设施在管理上的困扰。

开放供社区居民使用的观念尚未普及：学校运动场地设施开放供社区居民使用的观念尚未普及与落实。

使用者付费的观念尚未建立：虽然已经有法令明文规定学校运动场地设施应要使用者付费，但一般民众仍未能建立，尚待作观念的转化。

场地维护经费预算有所不足：由于学校运动场地设施经费预算上仍有不足，有待主管教育行政部门统筹规划预算经费予以落实。

第二节　学校体育发展与改革的体制性障碍成因

一、各级学校体育的政策法规层面种类少、政出多门，可行性差等问题

全国各地颁发的大部分青少年体育的相关政策、法规、文件，尚未突破地方性行政规章制度层面，立法层次较低。关于出台青少年体育的专门性法律，尽管学界已经强烈呼吁五六年，但至今没有引起有关部门的重视，也没有进入人大立法视野，这在一定程度上影响了学校体育的发展与改革。

1995 年颁布的《中华人民共和国体育法》、1990 年颁布的《学校体育工作条例》等法律法规中，部分内容已经不能适应新形势下学校体育工作的要求，不能适应和解决当前青少年体育所面对的问题，急需修订与完善。

大部分省市近几年颁发的学校体育文件主要以"实施意见"和"工作通知"为主，或以转发上级部门文件的内容为主，结合各地实际的实施细则、工作方案较少，以地方正式立法的相关法规更是屈指可数。基本上是以发文件落实文件，缺乏逐级逐条的检查评估，实际工作效果相差较远。部分地方、学校对加强青少年体育工作的重视程度依然不够，如西北地区。有些地方虽然出台了学校体育的实施意见或通知，但是措施不够具体，内容不够完善，调研中发现，很多地方出台的文件政策内容可行性不够，多限于一般性要求与口号；青少年体育诸项工作的落实无法可依，在财政预算、师资配备、检查评估、管

理制度等方面缺少具体的标准和政策依据。

二、青少年体育组织建设比较薄弱

青少年体育组织是青少年体育抓"三边"（抓身边的组织、建身边的场地、开展身边的活动）建设的重要内容。其主要任务是为青少年提供开展体育活动的组织平台，进而培养青少年体育兴趣、爱好和终身体育锻炼的习惯，增强青少年体质。但是调查显示，青少年体育组织在各地学校的建设依然较为薄弱，其面向全体学生、实现体育文化辐射的功能并没有得以实现，具体表现在以下几个方面：

（一）少年体育社团及体育兴趣小组的建设较为缺失

按照相关调研数据能够看出，我国无参与体育社团经历的青少年学生占绝大多数，校园文化建设还未将体育社团作为重点，和发达国家相比，有着很大的差距。极少的学生体育社团虽然已经成立，也存在着领导不重视，社团活动得不到保障，体育社团活动缺乏场地器材和经费、体育老师的专业指导也相对缺乏，活动内容乏味、项目形式单一以及组织松散都是体育社团普遍存在的问题。致使其在校园文化建设中的作用难以发挥，教育价值难以体现。

（二）青少年体育俱乐部定位不准、运营不理想

青少年体育俱乐部建立至今，其定位是民办非企业社会组织，但其依据的学校体育场地器材又全部是国有资产，从法规政策上不符合民办非企的基本条件。因此，很多青少年体育俱乐部都无法办理民办非企登记和经营许可证。多数青少年体育俱乐部运营两年后，由于国家没有专项资金对其进行扶持，同时又不具备收费经营机制，致使不少青少年体育俱乐部不得不关闭或者出现危机。因此，如何确立青少年体育俱乐部的政策身份，实现自我造血、自我生存与发展，是大多数青少年体育俱乐部面临的巨大挑战。另外，相当多的青少年体育俱乐部在运行中，并没有体现"培养广大学生体育兴趣与技能"的功能，而是按照业余体校训练的模式运行，参加俱乐部活动的学生人数太少，对大多数学生缺乏吸引力。

三、学校体育工作在相当多的学校被挤压和边缘化

主要体现于如下四方面：

第一，有的学校没有开齐开足体育课程，此类情况凸显于高三与小学。调

研发现，有的小学和初中每周只上 2 节体育课，有的高中到高三就基本取消体育课了。小学和初中体育课开课率不足可能与体育教师缺编有一定的关系；而高三开课率不足则主要受高考指挥棒的影响。

第二，"阳光体育活动"的开展无论是在规模、态度方面，还是在效果方面都具有较为明显的区域性差异。每天锻炼一小时在有些地区与学校依旧难以落实。

第三，体育教师待遇大多相对偏低，体育教师结构性缺编普遍存在。从湖北、山东两省看来，在所调查的学校中，全校教师已经满额甚至超额，但学校体育教师往往缺人又无法招人。体育教师的周教学工作量普遍在 18 学时以上，如果加上课余训练和课外体育活动指导等工作，体育教师的工作负担普遍较重。体育教师相比于其他文化课老师，其待遇还是相对较低的。重点体现在：首先，同工不同酬现象在很多学校普遍存在，部分学校是这样规定的，同样是 1 节课，语、数等主科学时数是体育课的 1.5 倍；其次，体育老师进行课外活动的指导是不计工作量的，这种情况存在于大多数学校。特别是小学、初中这些属于义务教育阶段的老师于近年开始实行绩效工资，体育老师的工作积极性因此受到严重挫伤，造成多干是白干，不如少干或不干的后果。这一问题急需从国家政策层面统筹解决。

第四，将升学率作为主要评价指标依旧普遍存在于大多数地区的教育评价体系里，学校教育评价机制里没有体育工作这一项，更没有学生体质健康评价这一项。

四、体育、教育两家机构合作的工作机制不畅，存在各自为政的现象

从调研结果体现出这样一个基本规律——凡是体育、教育两部门配合密切协调的地方，该地的青少年体育工作就开展得轰轰烈烈，效果明显，反之亦然。而体育、教育两家主动配合的省市、地方较少。当下，教育、体育两方面工作体制不通畅、相互不配合的现象普遍存在于省、市、县各个层面。这是因为两个部门的工作目标、职责与体制各不相同，非人为所致。导致在管理机制上，体育、教育两家没有形成开展青少年体育工作的合力，管理成本太高，内耗太大，好像两家都无任何责任，可是青少年体育工作成效不佳却因此而形成。

五、学校体育存在较大的区域性、城乡差异

当下，我国东中部和西部地区、城市和农村的中小学之间的学校体育发展差异较大，主要体现在体育教学理念、学校体育师资条件、场地器材条件、学校体育活动内容、形式、手段、方法以及效果等几方面，并且这种差距不会在短期内消失，存在时间会相对较长。这种差距主要是由于区域经济实际发展水平与发展历史所形成的。此外还是教育、体育资源配置极不合理导致的。

（一）城市学校体育的实施现状

城市学校由于都市化的快速发展，父母十分重视与要求子女的受教育机会与成果，因此，城市学校对于学生的体育课程设计、体育教师的专业态度、体育教材设备的更新以及体育活动计划实施均十分重视与强调，并且努力让每一位学生都能从体育课程活动中学习到知识与技能。城市学校因为学生人数众多，为了满足每一位学生的学习需求，学校会成立许多体育运动社团，包括田径队、棒球队、篮球队、羽毛球队和桌球队等，并且由体育专任教师负责训练与管理。课余时间会与社区结合成立许多的才艺性社团，包括舞蹈社、黏土社、跆拳道社和民俗才艺社等，增进学生休闲兴趣的养成及调适课业压力。学校在体育器材与设备的数量上也十分充裕，避免学生因人数众多而牺牲学习受教的机会。

城市学校在体育活动的安排策划上十分用心，除了每学期众所瞩目的校内运动会之外，各学年也会规划体育竞赛的活动，以满足学生热爱运动的需求。校内体育竞赛优胜的学生均会接受朝会升旗荣誉的表扬，以肯定其努力与付出而得到的收获，并且在学校公告栏的荣誉榜上张贴优胜名单与成绩。

（二）乡村学校体育的实施现状

乡村学校由于学区地处偏僻，交通不便利，社区人口稀少，因此，时常面临学校学生人数不足的窘境。然而，乡村学校拥有得天独厚的自然景观，学校可以依据当地的天然资源，经全校师生共同经营策划，利用天然素材，规划学校特色的本位课程。

乡村学校全校师生人数不多，但学校应该有的组织与活动却没有短少。体育课程的规划与实施主要经由校务会议时拟定，并且考虑到社区规模及家长社会、经济背景不同，因此，在体育课程与活动方面，其规模和节目变化会精简许多；甚至于学校运动会也会联合附近学校一起举办，让学生心理产生对于学校的归属使命感，以及增添热闹刺激的比赛气氛。

乡村学校在体育课程方面由于学校规模的影响，因此没有规划体育专任教师，体育课程是由班主任负责。班主任采取"协同教学"的方式，高年级一起上体育课、中年级一起上体育课及低年级一起上体育课。课程内容也是采用

"乐趣化" 教学法进行，以提升学生学习兴趣，以及培养学生运动习惯，但在体育教学专业上无法满足学生的认知需求。

综上所述，城市学校提供多样的学习内容与文化视野，提早让孩子去思索运动的价值，进而更珍惜目前拥有的人、事、物；"多元社团" 则提供孩子较多的学习刺激，增加多方经验与接触。学校在课程的安排及活动的设计上，不断求新求变希望透过丰富生活经验及多角度的文化活动来增进学生的学习基础。城市学校拥有一套奖励制度办法，透过这套奖励制度能够建立学生朝向五育均衡发展和重视荣誉心的行为表现；另外，乡村学校为顾及学生学科能跟上教学进度，以利其往后的成就，因而学校体育活动的规模与次数均与城市学校有明显差异，并且减少体育竞赛的出席，而是以平稳的方式进行体育课程和学校活动。乡村学校的学生在信息上的取得与文化上的刺激明显较城市学校不足，是否影响学生社会化的发展与人格养成，有待商榷。然而，学校体育的内容多少会影响学习动机，学校体育教师如果能够以养成运动习惯为主要教学目标，应用有效的理论与策略，相信对于学生养成终身运动习惯会有很大的帮助。所以，乡村学校在推动学校体育的过程中，应该朝更积极的态度与更多元的内容，以满足学生在体育运动的认知、情意、技能上的需求。

（三）城乡学校体育赋予学生的文化资本上的差异

1. 形体化的文化资本差异

城市学校提供学生多元、丰富的学校体育课程及活动。本研究中发现，在提供学生体育活动方面，城市学校在学校本位课程和体育活动的举办上较富有创意。城市的体育课程规划一系列的主题课程，并以西方竞技运动结合创意与简化的方式吸引学生的学习动机。城市学校目前主要推行的体育活动有三部分，基本体适能的获得及运动习惯的养成；多元体育社团活动培养学生第二专长；校庆课程配合校庆活动所做的主题课程。此外，在学校举办的重要体育活动方面，城市学校也透过举办各项竞赛与活动提供孩子更多元、另类的学习情境，比如，校庆活动、学年特殊才艺活动及校内田径选拔等活动，以多样化的方式建构有意义的学习活动。

乡村学校则配合学校特征及资源发展体育课程及活动，体育课程与文化活动则较偏向于学生智能方面的加强与提升，其原因在于乡村地区的家庭经济状况不稳定，对于学生的课业指导较少，学生信息文化刺激不足，导致乡村地区学生学业成就下降的情形。因此，学校不希望过多活动的举办或运动团队的练习造成学生与父母的负担，而是以智育为主，体育其次的方式，但因此也造成学校体育赋予学生文化资本的限制。学校通过孩子最熟悉的生态环境来引起学习动机、培养学生的学习兴趣，如乡村学校积极发扬传承已久的传统腰鼓技艺，是每位孩子必学的体育运动，也是学校的重点特色活动。在体育理念上，城市与乡村学校会有这样的差异可能与学生原先在家庭累积的文化资本有关，乡村地区的学生父母多忙于生计，对于学生的课业指导较少，因此常见乡村地区学生学业成就低落的情形，这也影响乡村地区学校在体育课程和体育活动的举办，学校不希望过多的活动或考评造成学习负担，而是以稳健纯朴的方式奠定学生的基础能力。

城市、乡村学校体育教师的专业化及创意上的差异影响不大。乡村学校的体育教师依据体育课程内容指导学生动作技能及提高学生的运动喜好，并且由于学生人数少的因素，有利于教师创意教学的实施，但是训练运动队与团队性的运动比较难以规划与执行。城市学校的体育教师因其有训练队的责任因素存在，常于课程中安排特殊技能项目的测验，以利选拔优秀运动选手。因此，城市学校体育教师对于学生运动热忱的持续与良好的运动经验有深远的影响。

2. 客观化的文化资本差异

城市学校在运动设施的更新及汰换的速度远大于乡村学校。城市地区的家长社会、经济地位背景好，有助于学校家长会的运作，加上社会企业愿意赞助规模较大的学校以增加形象曝光率。因此，城市学校的运动资源与体育设备总是时常淘换更新，对于需要补强的部分其行政效率也会因为家长压力而大为提高。

乡村学校每位学生分配到的运动设施与所有权远大于城市学校的学生，且学生接受到老师重复指导与关怀的次数皆多于城市学校的学生，但由于领导者的教育理念以及学生人数稀少的影响，在运动设施的购置上与数量上可能不及城市的学校。乡村学校可能将学校体育补助经费挪至对学生有实质利益的餐点与课业的照顾上，对于运动设施的提供则以基本的体育课程需求为主。

总而言之，城市、乡村学校体育设备的数量与种类上会受学生人数的影响。基本上因应体育课程需要的设备与教具均相同，但在数量上，城市学校会比乡村学校多出许多倍；在体育设备的项目种类上，城市学校提供较多元的体育设备，以利学校举办活动、教师课程需求以及运动队的训练上使用，乡村学校在购置体育器材上会斟酌考虑学生的经验与需求，避免浪费教育资源。

3. 制度化的文化资本差异

城市及乡村学校均建立一套奖励制度，其用意皆在培养学生的荣誉心及责任感。但城市学校在奖励次数与巧思设计上较乡村学校多，在奖励办法上，城市学校的奖励制度不断求新求变，而且也倾向较多的鼓励。学校奖励制度是依学生行为规范的办法，经由制度的社会性认可，学生渐渐地使自己符合制度期待他扮演的角色。比较起来，城乡学校在奖励制度上并无太大差异，主要目的均是希望建立学生的自我认同与价值。

六、青少年学生体质状况没有得到根本性好转

多年来，出台了多项学校体育制度和政策，即使一定程度上缓解了学生体质健康不断下滑趋势，然而并未从根本上扭转青少年学生的体质健康状况，相对于中央提出的"五三三"达标要求依旧相差甚远。所谓"五三三"就是在五年内让青少年体质健康符合国家基本要求，显著提升青少年学生速度、力量、耐力这三项指标，明显降低青少年学生近视、肥胖、营养不良这三项指标。少年强则国家强，增强青少年体质，增进青少年健康任务仍然非常艰巨，仍然需要动员全社会的力量，仍然需要更大的人力、物力和财力的投入，仍然需要更加行之有效的政策法规和科学的管理体制机制的保证，才能真正扭转青少年学生体质健康持续下降的局面。

我国自 2007 年以来，全国各级政府和有关部门共颁布 100 多份各种与学校体育相关的法规文件。这些法规文件虽然数量较多，但是正式法规较少，主要以实施意见、工作通知、工作方案和实施细则等形式来发文。

近些年来，各地教育体育部门加强了对《国家学生体质健康标准》的实施，采取了一些行之有效的检查监督措施，大部分学校（70%）能按要求实施《国家学生体质健康标准》。当前我国学生体质健康存在的主要问题是：学生体能下降，学生肥胖率、近视率上升，运动伤害事故频发，学生心理健康问题较为突出。

近年来，大部分省市出台了加强学校卫生、保健、营养等方面的政策法规。但学校对卫生、保健、营养等方面指导和保障的落实情况较差，仅有一半的学校能落实。总体上学校减负情况不太理想，只有三分之一的学校能落实减轻学生过重学业负担的要求，近一半的学校能确保学生休息睡眠时间。

大部分省市出台了加强学校卫生体育设施建设与安全管理的相关政策文件，但只有 60% 的学校能落实这些要求。

近些年来，各地在开展青少年体育活动的实践中，积极探索并涌现出了学校、社区、家庭共同构建青少年体育网络的新形式。典型的有：以社区为主建设校外青少年体育活动阵地、如武汉市青山区"四点半学校"；地方政府积极构建青少年体育公共服务体系，如张家港市；省级政府加大投入建设青少年校外体育活动中心和场所，如福建省等。

（一）当前我国青少年学生体育活动开展现状

中小学落实每天一小时体育锻炼的现状不容乐观，只有近60%的学校和学生能保证每天锻炼一小时；不同地区中小学之间、农村与城市中小学之间，落实每天一小时锻炼的实际效果存在一定的差异。

大部分省市出台的学校体育相关政策法规，强化开展"亿万学生阳光体育活动"，60%的学校能常年坚持开展"亿万学生阳光体育活动"。

大多数学校（60%）每年能举办校内的综合性运动会，每学期都能开展各种单项体育竞赛活动。

（二）当前我国青少年体育组织建设的现状

中小学体育社团数量较少，社团活动质量不高。社团主要以篮球、乒乓球、田径、足球、羽毛球等项目为主。学生参与体育社团活动的时间以下午课外活动时间为主（占75%），大多数学生每次参加体育社团活动的时间都在一小时左右。

目前我国的青少年体育俱乐部数量仍明显不足，在参加青少年体育俱乐部活动的学生中，大部分学生每周参加1~2次活动，只有近一半学生对青少年体育俱乐部活动表示喜欢。青少年体育俱乐部的发展面临有关政策法规的限制。

我国目前的青少年体育户外营地总体数量偏少，学生参与活动少，只有近三成学生参加过青少年体育户外营地活动。

第三节　现行体育中的垄断、体制失控与学校体育异化

一、体制失控

（一）统一招生的高考制度

我国的高考统一招生制度于1977年得以恢复。虽然高校的招生规模年年在扩大，然而一直没能缓解千军万马争过"独木桥"的现象，并且竞争越发激烈。奇题怪题层出不穷，学生完全陷入题海战术里，变成了考试机器。学生的体质伴随书包的加重而下降得越发厉害。更有甚者，部分学校的学生在听

课、考试时都集体挂着"营养"吊瓶。

（二）独生子女人口政策

1977 年，我国出台了独生子女政策并开始严格执行，各级学校于 80 年代后开始陆续招入这些独生子女。我国家庭害怕因贫富差距过大而成为社会底层，0% 和 100% 升学率之争由此而展开，各个家庭对于优质教育资源的渴望达到了顶峰。基于商业利益的获取，诸如"孩子不能输在起跑线上"等类似口号被商家得以充分利用，导致教育出现严重变质。失独这一新的人口现象于 90 年代在我国开始出现，按照死亡年龄规律与人口统计，我国接下来陷入此困境的家庭将有 2000 万户。此类家庭因此十分重视独生子女安全，过度保护现象严重，因此而出现的法律纠纷层出不穷，致使学校陷入尴尬境地，于是，部分健身价值很高的体育项目因学校领导的因噎废食而被制止，不能得以正常开展。

（三）经济高速发展，居民生活水平迅速提升

我国于 1978 年开始进入改革开放新时期，经济得以迅猛发展，快速提高了居民生活水平，极大改善了家庭的衣食住行以及通信方式。尤其是西式快餐与欧化膳食逐步走进各个家庭，让我国少年儿童的能量物质得到了很大程度的增加，并且因为少年儿童在生活方面消耗的能量快速减少，严重改变了他们的身体成分，学生的肥胖率剧增，过去只出现在成年身上的非传染性慢性病逐步出现低龄化。

（四）电子行业兴起

电子行业兴起于 70 年代，其产品于 80 年代后开始大量被家庭所使用，同时在持续地更新换代，致使孩子们对诸如数码相机、iPad、手机、电脑、网络、游戏机、电视机等电子产品的依赖性不断加大。扩张特别迅速的就是电子竞技、电子游戏等静态活动，让一些青少年的兴趣爱好日趋多样化，致使他们对包含体育运动在内的身体活动逐步淡化。

（五）崇尚"金牌至上"的精英竞技体育

我国于 1984 年首次回到奥运会这个"金牌至上"的体育精英竞技大家庭。从那以后，竞技活动开始被政治化、小众化，唯天才方可参与，将大部分青少年拒之门外，其竞技游戏基本参与权由此失去。

（六）体育教育在方法论上陷入迷途

各类学派在进入 80 年代之后将学校体育变成其争论焦点。即使是持续多年的"体质派"，抑或是流行于 80 年代的"健康派"，无论是"快乐体育"，抑或"挫折体育"，还有当年的《新体育课程标准》，对竞技体育的排斥是其共同特点，致使各种运动方法无法进入校园，让体育陷入方法论的泥潭，这是极为荒唐的。中小学体育在很长一段时间里只能将方法的寻求寄希望于民俗民间活动、正规运动的辅助练习、劳动技术以及军事等，体育文化倒退极为严重。

二、学校体育中的异化现象

所谓的异化，是描述人或物的生存状态，归属于哲学范畴。目前，异化这种现象已经非常普遍。对于学校体育来讲，逐步被异化成一种社会工具，基于自身利益追求得以实现的一种教育，其异化现象甚至有悖于人类初衷。然而作为学校教育的重点内容，无法分割的一个组成部分的学校体育在近年的发展现状只能说是喜忧参半。"通过对国民体质的深入调查，相关数据反映出我国青少年持续增长的是胸围、体重、以及身高等形态发育指标，可是持续下降的是力量、速度以及肺活量等体能素质。[①]"

（一）学校体育实施中本质的异化

我国学校教育的思想自古以来都是"重文轻武"。注重语言、理工类学科。由于受到这种传统思想的影响，我国学校体育的"工具性"日益明显，学校体育逐渐沦为了教育的附庸和工具。"学校体育作为学校教育的重要组成部门，边缘化现象一直存在，始终归属于'小三科'，即使在高校，其地位也仅提升为必修课，服务于学校体育活动、完成国家规定的必修学分才是其根本目的，"[②] 在学校体育课的具体实施过程中，由于各种各样的原因，学校体育课没有受到应有的重视。

另外，对体育的检讨，在体育界也开始反思，长期以来在政策引导下，体育的军事化价值一直被过度重视，在体育课当中也强调整齐、技能、服从等，要求学生仅有单一标准，过度重视军国民教育的意识形态反而忽略了原本的价

---

① 李吉远. 学校体育的异化研究 [J]. 天津体育学院学报，2008. 23（4）：336-338.

② 王岗，李卓嘉，雷学会. 学校体育的目标："健康"乎？"强壮"乎？[J]. 体育学刊，2016，30（5）：9-15.

值，导致后续对于体育以军训的方式出现，而学生更是望而却步，而对日后体育产生否定的态度。具体而言，大家都知道体育是教育的一个重要组成部分。学校体育自古就是一种富国强兵的手段，有时成为军事、国民教育的一种工具，有时成为国家形象得以提升的一种方法，有时服务于外交，有时发展成体育军事化，问题在于其一直体现为外在工具价值的追求。所以，以军训形式出现的体育教学，仅秩序队列就足以使学生敬而远之，避之唯恐不及。其实，体育教学与运动训练，应该有所区别，否则，指鹿为马，黑白不分，体育功能无以达成事小，造成对体育的全盘否定，相信不是我们愿意看到的事情。

在升学主义的引导下，体育的资源也被排挤，教师重视秩序，也可能是让学生个别操作以利于指导，但是可以发现过去的体育教学在技能学习的情况下时常仅有少数的时间在操作，而多数的时间是在闲置的情况。一位受访的专家回忆起自己巡视基层时的一些看法："有时到基层巡视，每当在校园走着，看老师们上体育课，有时会惊讶，在篮球场上，老师让十几位小朋友排成一排，大家轮流投篮，投完了继续排队，好像在买电影票一样，大家在那里花了相当多的时间等待。本来好动是小朋友的本性，结果老师们把体育课变成不动的课，真是神奇，可能老师在教室里上课久了，喜欢学生遵守上课秩序的模式，上球类课时，有些老师只能借三四个球，全班三四十个同学共同轮流练习，球已经变成体育课的主角了，这就是我们的体育课吗？"

可以发现这样的学习方式让学生花了很多的时间在等待上，原本是让大家活动的体育课，却成为最不动的课。除此之外，学校受到升学主义的影响，加上国内对于精英或锦标的迷信，学校体育课的异化让教学内容以及教学方式已经失去了原本既有的教学目标。有受访专家针对学校体育的偏差提出看法："以往的学校体育受升学主义的影响，沦为次要课程，有时更被视为'放牛吃草'的学生的休闲时间，完全忽略了体育课的教育意义和功能；加上我国社会体育欲振乏力，竞技运动人才很大部分需要依赖学校培养，使得有些学校体育采取'精英主义'的校队训练。这两种形态的学校体育反映了学校行政者及教师对学校体育目标的混淆。体育的目标不只是休闲娱乐，更非选手训练，而是培养身心健全的国民。"

因此对于找回体育既有的价值可以说是研究群体、政策群体与实践群体相当一致的目标。从我国的体育教学观摩研讨会可以发现有这样的趋势：课程内容，除了开业、结业仪式外，安排有两场观摩教学与研讨，有两场教学演示与研讨、两场示范教学，另有几场专题演讲，内容有课程分析与设计、体育兴趣化教学、体适能教学与实务、体育成绩评价。此外，还会安排分组讨论，讨论的内容包括：如何落实中小学体育教学正常化、强化学生体适能、如何从体育教学中培养学生终生体育运动的习惯、如何从体育教学活动中，实施快乐体育教学、如何避免或减少学生的运动伤害。对于找回体育的价值而言，首先要减少升学主义对体育课造成的影响，而系统化与体育课程设计，使上课有内容，减少体育课仅是活动时间的刻板印象，继而深化丰富的体育内容。因此，学校体育的目标除了包含基本动作能力与知识外，另外还包含体能、运动兴趣与运动道德，快乐体育教学和体适能教学是受到社会影响强调的两大主轴。

首先是快乐体育教学，在根深蒂固的教育环境下，体育长久以来在锦标主义之下，体育教学与运动训练的界限模糊，然而改变谈何容易，因此有受访的教师提出以下看法："快乐体育教学的意义，除了强调手段之外，也重视目的。而透过游戏化的教学，引发学习者参与的动机，达到真正学习的目的，这是快乐体育教学所强调的。传统的以教师为主体的教学方式，也已经不符合多元化时代学生的需求，改变以学生为主导的教学，是快乐体育教学的另一层意义，也是今后体育教学的新主流。体育课，几十年来一再处于奥运会金牌之路的锦标主义之下，因此，训练也替代了教学成了根深蒂固，要使快乐化教学取代传统教学，谈何容易？"

对于体育而言，受到人本主义的影响，对于以"人"为主体的教育思维相当重视，不仅针对学生的学习，也重视教师的自主权，重视基本能力的培养及正确的生活态度，而非仅有着重视技能，培养学生独立思考和解决问题的能力，尊重个人能力的养成及多元发展。近些年，人本思想不断被一些专家学者提起，并强调应用于教育，造成一股不可抵挡的旋风，且有节节高涨的趋势。许多人以人为主体目标，包括教材自主化、教学风格开放、有弹性、启发和注重师生互动等，都是最佳例证。与此同时，体育界也渐渐朝向以学生为主体的"快乐化"体育课教学目标，不再仅重视技术层面取向，这是一个非常好的体育课教学目标之一，也是未来势所必行的趋向。

过去重视技能的情况使得学生在乎的是胜负，然而运动习惯的培养在于体会运动再努力后所带来的乐趣，乐趣是吸引运动的诱因之一，强调以学生为中心，以活动探究发现方式，并与生活结合。学校体育今后的发展理念应是体育课程内涵结合学生生活实际需求，让其基本能力得以培养。这种理念对体育课程目标极为重视，着重强调的是学生的学习内涵，是学生适应周围环境能力的提升，应将其生活必备的正确生活态度、基本能力与技术能力的学习作为重点，所以，要为学生提供足够的自我发展空间，并且要拥有自主学习能力以及与人相处能力，以便日后更好地参与社会竞争，学校体育课程一定要以学生为中心，基于活动、探究以及发现方式的采用，最大可能地结合学生生活实际，促使其独立思考与解决问题能力得以培养，个人能力得以养成，真正实现多元发展，不是仅追求一个"赢"字，真正变成参与运动的胜利者。可以发现在社会的氛围下，让学生快乐学习，找回体育既有的价值，重视以人为主体的教育理念，强调从实际操作中进行探究与思考并找到答案，而非一味地灌输知识，这些都影响了学校快乐体育的发展。然而快乐体育教学的目标应为提升学生的学习动机，进而达成技能学习的目标，而非本末倒置为了游戏而游戏，放任学生自由或倾向游戏性质的活动，虽然充满快乐但学生所获得运动技能水平依然原地踏步。我们认为，快乐体育教学的目的应是：体育教师应视教学活动为自己特有的工作乐趣，而这种教学乐趣就源自学生所能获得的学习乐趣，彼此之间的关系更存在着高度相关；要让学生能够在运动技能学习活动中获得真正的乐趣，并非只是放任学生自由发展、抑或提供一些倾向游戏性质的教学活动，然后在一节充满乐趣的教学活动结束之后，学生所获得运动技能水平依然原地踏步。较为积极的做法，为能同时兼顾学生的学习乐趣与其运动技能，教师应该拟定一套如何减少学生运动技能学习挫折的教学策略，尽量使学生在学习活动中避免遭受挫折，方为名副其实的快乐体育教学。

　　除了快乐体育之外，运动培养健康体适能成为当时的另一个特点，由于当时不仅体能不及美、日、新加坡等国家，且有15%至20%的小学生超重，传统上也以体壮无脑视运动为畏途。原先强调体力即战力的军国民主义思维的时空背景已经不复存在，但是仍对于体适能相当重视。学校体育过去偏执于竞技运动的技术学习，而忽略了基本在体育课堂中应重视体能的培养与训练。为青少年儿童的眼前与终身幸福着想，维持适当水平的体能有其实际的必要。但是，一向重视儿童体育教学的美、日等国，目前也普遍存在儿童体适能衰退的现象。究其原因，由于体育教师一味偏执竞技运动的教学内容有关。传统的体育教学，强调的是运动技能的学习，教材多以游戏或竞技运动为主，鲜少提及体能的基本概念与提升体能的正确运动方法，甚至，还误以为体能的增进可以在技术的学习过程自然达成。

　　20世纪90年代以后，由于生活形态的改变，经济收入的提高且工作时间的延长，加上补习、观看电视等坐式生活养成的许多习惯不佳导致的情况。受访的专家提到："我们知道以往学生们在下课后应该是到公园游玩或帮忙做家务，但在自动化社会的今天，取而代之的是课后辅导班、才艺班、电视、游戏机，以致减少了孩子们活动的机会，再加上食物中多余热量转成脂肪的囤积，胖弟胖妹是在校园中常见到的，因此，如何帮学童做好体重控制以及增加活动的机会是老师以及家长应该费心思去做的，而体育课程的实施，也显得比以前更为重要。"

　　除此之外，对于生活品质的重视，运动已经不再是仅仅为了生产的需求，而是追求生活安适的方法之一，对于学童的健康状况相当重视，国民必须要有良好的体能，才能担当新时代的任务，所以健康应该是一切事物的基石。很多受访专家认为学校体育应该在所有科目之先，唯有健康的体魄，其他的学习才有意义。其中一位受访专家这样讲："学校教导儿童如何去追求学业的发展，学习读写的技能，但是很少去过问，儿童一旦濒临死亡，或遭受运动不足的威胁时，学习读写的重要性在哪里呢？在生活中没有比健康更优先了，没有健康，所有其他技能将失去意义和使用价值。所有在学的儿童都希望自己的身体，能变得更强壮、反映更迅速、身体各部分关节更具有柔软性。学校有义务提供机会给儿童，以达到上述的需求，让他们能发展和维持适当的体适能水平，使生活更加充实。"

这样的思维渐渐找回了体育的价值，而政府和民间学术团体也举办了快乐体育教学研讨会，以及推广体适能相关活动。如上所述，社会上对教育的期盼在于"人的解放"，重视学生及教师的自主性，取代军事化思维与民族主义的群体意识，而逐渐重视个人本身存在的意义，快乐体育教学与体适能的重视，成为这个时期学校体育发展的特色，对于教师而言，体育课不再只是按照标准进行的官方课程执行者，同时也是课程的设计者，总之对学生及教师而言，中央政府的集权已经逐渐下放至各县市甚至学校当中。让学生受到充分的照顾且快乐的学习，在没有压力之下升学是当时教育改革的目标，然而不管是广设大学或是多元入学方案，目标都在于减少升学主义导致教学不正常戕害学生身心发展。

（二）学校体育实施中过程的异化

"在我国学校体育实施的过程中产生了'唯体育健康论'和对'学生中心'的误读等错误思想与认识。"① 人民普遍认为健康就是不生病，认为体育锻炼能锻炼人的身体，增强抵抗力，所以体育就是健康或健康必须依靠体育方可得以实现。人们对于学校体育功能与目的认识的泛化与异化促使这种"唯体育健康论"的形成。无人能够否认体育的总目标就是"健康第一"，就是学校体育必须坚持的指导思想的正确性，然而若对学校体育功能过度夸大与无限延伸，极易让其出现异化。新时代的教育理念是"以人为本"，相比于以前，学校教育中的师生关系出现了根本性变化。学校基于对学生的尊重而将"以学生为本"这个口号提出，然而这种尊重若过度，就会让学校教师在学生面

---

① 张世威. 我国学校体育异化现象的审视与思考 [J]. 天津体育学院学报，2008，23（6）：523-525.

前失去了督促其参加必要运动的强制力。同时，由于学生的安全问题，学校体育弱化了运动技术的练习，逐渐把学校体育向单纯的"快乐体育"转变。

可以发现"快乐体育"在当时的时代背景下成为学校体育的主流，然而既有的教育模式使得教师不见得认同这样的教学方式，例如，受访的一位专家针对教育改革后学校体育有这样的看法："那些抗争那时候我现在还记得，有一点影响，当然啦，一个国家随着社会的变化，有些地方的效益是必须要改革的，这是需要的，所以改革的潮流也发生了，这是正常的现象，那当然对于学校体育的影响，我认为影响不怎么大，理由在哪里呢？老实讲我们体育界的老师要加油，今天从小学到大学为止，真正的体育课，学校体育分两类，一个是正课，一个是课外，课外有社团、代表队训练，是不是这样子，那现在从小学一直到大学，教学生的体育老师怎么教法？要不要检讨？像老师讲到这只有摇头而已。你看，比较认真的是由上而下命令式的操练，这个我已经讲分类啦，不要那个它是游戏化，上课就让孩子们游戏，第三类不只游戏，自由活动，第四类是什么，一上课就是比赛，是不是这样子，可以分成这几个类，那这种体育是真正实施教育的活动之一吗？那个叫作什么呢？叫休闲活动，是自由活动，自由劳动而已，算不算教育呢？"虽然有老师有不同的看法，但快乐体育教学在时代的引导之下的确成为当时的一大变革。

（三）学校体育实施中关系的异化

学校体育的目的在于人的全面、自由和谐的发展，但是学生的身体在学校体育异化环境中未能得以充分锻炼，体育理念与知识也未能真正全面掌握，在我国学校体育的实施过程中教师只负责"教"，至于教什么、怎么教，学生不感兴趣，学没学会，教学内容是否合理，对于这些问题，许多体育教师都没有思考过。一学期下来，学生没有学到有用的体育技能，而且还出现了种种"腐败"现象，部分学生为了取得好的体育成绩，在期末考试中采取作弊、替考，更有甚者送礼给老师等。学校体育的"异化"促使学生的身体与精神都出现异化。

三、权力过度集中，教材、政策决定权集中在少数人手上

就学校体育而言，我们认为教育的内容缺乏一贯性，内容重复，除此之外，有些不合时宜的教材应进行检讨，且教材决策权集中在教育部，并未能适合全部的学校，师资培育由师范院校垄断。既有的课程标准由教育部统一制定，而教材内容与课本也为高等教育出版社编撰，或由书商遴选学有专精的教授所编撰，再由高等教育出版社所审定，因此在由上而下的教育体制中，决定

权集中在少数人手上，虽然说是邀请国内教育先进，但不难发现这样的遴选过程其实也是被刻意挑选过的人员，有时候全国教育会议只是形式，为了教育政策背书的会议。

除此之外，课程中央集权式的控制，有的教师也觉得不合理，当时部分体育教师已对体育课程的内容以及国家的控制感到困惑，但无奈人微言轻。目前我国的中小学体育教材，必授教材占 80~100%，选授教材最高占 20%，且由国家统一编订教材，颁布全国。此种国家标准"只此一家，别无分号"的模式，虽然利于国家体育政策的达成，却忽略了地方及学校环境与特色。目前，体育课程的设计大多由专家参与设计、决定，教师近来虽有参与，但其比例很小且人微言轻，课程仍以专家的决定为主。

第四节 体制的功利偏差与学校体育价值与功能的缺失

一、升学主义依然存在，体育课不断被边缘化

当前，由于教育升学主义导致学校教育以升学为导向，不仅学生曲解了学习的意义，离开学校后也失去了学习的动力，因此我们认为，升学主义让我们的教育失去了活力，仅为了分数而学习和努力。另外，城乡教育之间、公私立学校之间，仍存在相当的差距也是不争的事实。在儒家思想、官本位的影响下，虽然九年制义务教育当初是为了要降低儿童的升学压力，但在重技术轻学术的教育政策下，许多家长将自己的孩子送进较好的班级，出现了一些陋习。比如，在现实升学主义的压迫下，目前有许多中学，已经有"升学班"和"放牛班"之分。似这样不公平的待遇借由能力分班显示出权力与阶级再制的关系，但这也凸显了由于升学主义下家长动用了各种关系让自己的子弟获取较好的教育机会。

社会与各级各类学校对于学校体育的作用与地位的认识因为受到对升学率的片面追求以及传统理念的影响而显得不足与片面，致使无法具体落实国家对学校体育工作的要求与措施，部分地区依旧不同程度的存在着学校体育被边缘化趋势。2005 年，国家对中学体育课（包含美术与音乐课）进行了调查，结果显示有 37.5%被其他课占用。……全国不能正常开体育课的学校占 18%，对现行体育课程或教学大纲不能执行到位的学校占 22%。每日 1 小时体育锻炼时间难以落实的学校接近 50%。对文化知识课过度重视，轻体育、重智育现象

较为严重，对学生的整体素质培养不够重视，对学生身体素养的培养更是轻视。学校教育的"重头戏"是智育，"排行老二"的是德育，"靠边站"的依然是体育。当今积极倡导素质教育，应试教育给学校体育产生的种种不利影响必须要努力消除，人们对学校体育的作用与地位必须尽快重新认识。

　　除此之外，升学主义教育之下，课本为考试范围，因此学生误认为课本的内容就是知识的全部。学生除了记忆背诵教科书内容外，利用参考书、测验卷来演练，以期在升学的路途上更顺利。由于竞争激烈。实在没有空间时间参与各项活动，更无机会去接近大自然，去体验社会现象，必须把所有精力投入记忆背诵教科书、演练模拟试题，所剩时间有限，能够利用室内的电视、音乐、书报杂志来调剂，或补补课业压力透支的睡眠时间，已经十分奢侈了。因此，偏爱室内休闲活动是可以理解的。

　　在升学压力下的教育，使我们的青年学子，早已误认为教科书内容是知识的全部，已经无法体验浩瀚学海的伟大，更无机会去探索大自然以及社会现象中无尽的原理原则。学生的学习成为教科书报纸上文章的背诵，对学生思考、创造力的发展，以及观察、想象力的培养，实在是非常不利。这样狭隘的知识观，养成了学生以升学引导学习，而学习的目的仅仅是为了分数，造成学生从小就对分数锱铢必较，只知竞争不知合作，自然养成功利心理和狭窄的境界。另外，升学主义也引起游戏空间与时间的减少、玩伴减少等问题。因此，青少年儿童的体育问题，与其说是本身所带来的问题，不如说是由大人所引发的问题，尤其在转型期社会中，问题更加严重，如果我们观察三十年前的青少年儿童生活状况，几乎可以看到，多数的学生从学校回来后，即把书包一丢，飞奔室外，在空地或广场游玩，至天黑才回家，对于发育中的青少年儿童而言，有其身心发展的积极意义。我们回过头来，看看现代的青少年儿童，类似以往那种自由发展的运动游戏，正急剧减少中，此乃由于现在生活的环境与过去的生活还有很大的差距缘故。

　　再以运动游戏场所而言，住家附近能够自由自在游戏的空间也消失了；即使学校设施的开放可以解决部分都市空间的狭窄问题，但在不良的管理体制下，对儿童少年的功能，有其限度。除了空间减少的问题之外，由于学习时间的增加，也就侵蚀了活动的时间，同时由于生活形态的改变，游伴的减少以至于难以维系的情况下，活动也日趋减少。总之，现代的青少年儿童，由于体育运动成立的三个要件"场地、时间、玩伴"的不良结构，使其身体活动在减少之中。

　　学校体育的重点就是体育课，增进学生健康，增强学生体质是开展学校体育课的根本目的，促使其掌握基本的体育锻炼和个人防卫技能，培养学生良好的个人素质和心理品质，是实现学校教育不可或缺的部分。但是在学校体育实施的过程中，升学主义导致体育课却不断被边缘化，导致学校体育的教育作用不断下降，体育教师的教学兴趣下降，敷衍教学的现象越来越多，学生身体素质不断下降、免疫力不断下降、肢体发育不健全等现象不断显现出来。

升学主义压力之下，体育课仅被视为调剂课程，每一班的体育课，体育教师常常被其他科目教师瓜分，这也是许多学校的情形。有些中小学体育教师还要附带兼任训练学校校队，不但必须多花费课余时间练习，不能要求报酬，除了早到晚退，还要负担校队比赛成绩的压力。得了名次还好，如果辛苦练了一整年，什么都没得，心里不好受外，回到学校面子不知往哪里摆。有的兼任教练更惨，最优秀的选手，临到比赛了，家长竟然不准学生参加比赛，要学生"好好读书"，不要整天只知道"玩"，结果队中主将出缺，队形打不出来，只有看着应到手的奖杯入他校怀抱。

学校体育由升学主义的影响非常深远，考试领导教学以及智育挂帅，都是体育教师的一种痛，也是一种无奈。所以我们看到体育课不考，就会出现被借课。学校不考，老师不教，学生就不会，就没有基本的运动能力，家长也不会重视，学校老师和家长不重视，学生也就觉得无所谓，这个情况，这个氛围，就会让升学不考试的科目被牺牲掉了。智育挂帅，考试科目不考，自然很难受到家长、教师、学生甚至是行政单位的重视，衍生出对于体育科目不重视的问题，也成为学校体育开展的体制性障碍。

二、体育教师地位不断下降

在学校和同事方面：许多学校在期末前几周就对体育课进行了停课，安排其他科任老师进行期末补习或学生自习，又或者其他科任教师义正词严地向体育教师借课。这些现象使得体育教师在学校的地位不断下降，直接影响到体育教师的教学情绪和工作态度，进而影响到学校体育教学目标的实现。

在师生方面：其一是由于体育教师在学校中受到一些不公平的待遇或自身品质的关系，导致部分体育教师责任感缺乏，在体育教学时仅仅为完成教学任务，对学生不闻不问，部分学生就对体育教师的嘱咐充耳不闻。其二是由于当今学生大多是独生子女，父母娇生惯养，从小养成了高傲的心理，父母的话都不在意，又何况是老师的话。

第七章　学校体育的机制优化路径

第一节　制度规则的构建与优化

一、法律制度路径优化

完善的法律制度，完备的配套政策，对于学校体育体制改革的顺利运行，至关重要。当前应当加紧做好以下工作。加紧"学生体质健康促进法"的立法研究，条件一旦成熟，就出台相关法律法规，促使学生体质健康的权利、义务、作用、地位、性质以及监管体制与组织结构等能够用法律形式得以明确，理顺体育行政部门和学校的关系，并以此为基础，制定相关的配套政策法规，形成完善的学生体质健康法律体系。同时，要从约束、评估、监督到惩治的综合角度考虑，制定有关学生体质健康促进和督学等方面的法规，并出台实质性、操作性强的法规和文件，解决基本法缺位、相关法规冲突、操作性不强等问题。要依据宪法，紧紧围绕体育法这个核心，专门出台学校体育法，促使其立法层次与法律效力得以提升，进一步提升学校体育制度建设的权威性。

（一）加快《青少年体育法》的立法

鉴于学校体育实施过程中的诸多困难和学生体质健康状况并未好转的严峻现实，借鉴一些发达国家针对青少年的专门体育法规，建议国家体育行政部门与国家立法部门协调，尽快制定《青少年体育法》。将青少年体育工作尽快纳入法律监管的轨道，从而使青少年体育有法可依，以获得长久、持续、有力的法律保障。

(二) 制定《国家青少年体能干预标准》

针对《国家学生体质健康标准》实施存在的诸多问题，以及当前青少年学生体质健康状况缺乏根本性好转的情况，结合调查中基层广大师生的呼吁，有必要制定和实施《国家青少年体能干预标准》，纳入国家战略设计。突出我国青少年几项主要体能指标差的特点，促进学生有针对性地进行经常性身体素质锻炼；有关主管部门定期进行测试并公布结果，将其作为一项强制性的国家标准在一定时期内在全国大中小学推行。

(三) 出台《校园体育运动安全条例》

校园运动安全已经成为制约青少年体育工作顺利开展的主要瓶颈。学校及体育教师出于保护自身权益，担心学生的人身安全，以致因噎废食，不敢开展各种教育及体育价值高的体育活动；体育课的难度较低，运动负荷越来越小。甚至有学校校长直言："宁愿让学生坐在教室生了病，也不愿让学生在室外活动中受伤。"造成这一现象的主要原因之一，就是缺乏对校园体育运动安全的管理条例，一旦发生运动伤亡事故，学校和家长都无据可依。特别是学校将面临无限责任与风险。建议国家层面制定《校园体育运动安全条例》，对事故预防、事故责任认定、事故处理办法以及相应的赔偿机制进行科学、明确的规定，为学校运动安全提供法律保障。

二、学校体育体制改革的路径优化

(一) 消除路径依赖对学校体育体制改革的制约

"路径依赖"思想首先出现于美国著名经济学家诺斯的制度变迁理论里。是基于诺斯所思考的在特定历史时期里为何驻存此问题里可以衍生出部分无效率制度而出现所谓的"路径依赖"。部分无效率制度为何会在社会变迁演进中被自然地淘汰，诺斯在北京大学的一次演讲中进行了相对简单的阐释：一种社会制度在演进过程中，总是在到达一定的历史时期时，其既存的信仰、文化、传统体系等各方面因素就会制约其发展。对于改革路径的选择，历史是起到一定作用的。历史和政治制度本身以及意识形态制度都是密切相关的，对其过去的演变与产生有着深刻影响，并且对其过去与当下的改革路径选择都起到了限制作用。若我们根本不懂过去是怎样走过来的，则对今后的前进方向也是一无所知、迷茫的。换句话讲，对各种选择有所限制，却不是无法进行选择就是路径依赖。我们要选择哪条路径来走，重在对自身当下所存在的问题与处境要有深刻的了解，方可寻得解决问题的办法。① 因此，路径依赖能够在很大程度上启发我们对我国制度变革过程有更好的理解。

最早，路径依赖是用于对技术变革过程里的自我强化以及自我积累性质进行描述的，即收益递增往往是新技术采纳所拥有的性质，最早发展的技术常常会因为某些原因而能够获得先机，确定其优势地位，单位成本基于巨大规模而得以降低，基于普遍流行等让更多人对其学习效应与协调效应加以利用，致使其越发普遍地流行于市场，人们对其更加流行也就会越发坚信，自我增强的良性循环就会因此而实现。反之，若某种技术虽然优良于其他技术，可是因为晚于其他技术一步，使用的追随者不足，就会导致恶性循环的出现，也可能会被"闭锁"于某种被动状态而无法摆脱出来。总之，技术发展常常会因为细小的时间与某些偶然状况而被导入某个特定路径，所以不同路径的最终结果也是不同的。诺斯在制度变迁里应用技术变迁机制，以往绩效对当下与今后的巨大影响基于概念"路径依赖"来加以描述。某种制度一旦被人们选中就再也无法摆脱，这个制度就会基于习惯性力量而得以持续"自我强化"。或者说，在发展演变过程中，任何一个系统都具有路径选择依赖的特点。

几十年来，学校体育一直在进行改革，必然会具有相应的路径依赖特征。即：第一，现存体制的惯性与刺激会基于体制的最初选择而得以强化，由于按照原有体制变迁路径与既定方向向前迈进，总比另外再找路径来得方便许多。第二，一种体制形成以后，会在现存体制中形成既得利益集团。即使新制度比现存制度更有效率，他们仍然阻碍进一步改革，力求巩固现存体制。退一步而言，虽然这些既得利益集团因为某些原因对改革持接受态度，他们也会进一步让变革对自身利益的扩大与巩固有利。因此，改革的最初倾向会划定后续改革的范围。我们重点关注的事情应是怎样摆脱原有制度对自身思想的制约，最大限度地尽早进行改革。无论是思想界、理论界，还是改革实践者，都有着到底是实行"单项突破"还是实行"整体推进"战略会好些的争议和疑虑。"单项突破"战略仅仅是对旧制度的局部革新，而"整体推进"战略是全局的除旧革新。因此，就节约制度成本来讲，肯定的"整体推进"效果更好。然而，这只是就自身费用来比较两种战略，而它们费用的多少不管是基于理论层面抑或实践层面进行比较都是很难的。所以，政府作为制度变迁的主导者，其偏好就成为比较的依据。若较多事前费用为先作为政府的偏好顺序，"整体推进"战略则会被选中；相反，若较少事前费用为先作为政府的偏好顺序，"单项推进"战略则会被选中。就我国学校体育改革来讲，纵观其发展史，基本上根

① 诺斯. 诺贝尔得主诺斯答京城听众问 [N]. 经济学消息报，1995-5-8.

据"单项突破"来开展的，与其直接关联的就是政府的偏好是对较少事前费用优先。政府始终要保持学校体育稳定的主观目的导致形成了这一偏好的原因。

"单项突破"战略在学校体育改革中不断被选择是学校体育改革所表现出来的最为明显的路径依赖。换而言之，由于学校体育改革一开始就不是"整体推进"战略的，所以学校体育改革战略也就终究不会选择"整体推进"的。这就是学校体育改革战略的路径依赖性。我们对"单项突破"战略进行深入分析还会发现，这一个选择好像进入"锁定"状态。也就是说，要不断地再选择，并不断地进行改进，最后进入到"锁定"状态。长远地看，"单项突破"战略不会比"整体推进"战略更有效，所以学校体育改革的激进就不可避免了。

（二）实施青少年体质健康促进国家战略

"少年强，则国家强"，青少年是国家和民族的未来，青少年体质健康是一个国家未来发展和民族复兴的重要基础。体育和教育部门应从国家战略的高度和国家责任的角度认识这一问题，将青少年体质健康作为各级政府的工作重点常抓不懈。第一，出台青少年体质健康促进国家中长期规划，列入政府经济与社会发展计划和经费预算，明确未来五到十年内青少年体质健康促进的目标、任务与措施。例如，江苏省于 2009 年 7 月 29 日第十一届人民代表大会常务委员会第十次会议上通过了《江苏省学生体质健康促进条例》，并于 2009 年 9 月 1 日起施行。这是我国第一部省级青少年体育地方性法规，在全国具有示范性意义，对推动我国学校体育及青少年体育立法工作有着重要作用。随后，《昆明市中小学生体质健康促进条例》于 2011 年 8 月 31 日由昆明市人大常委会审议通过，于 2011 年 9 月 30 日由云南省人大常委会批准，自 2011 年 12 月 1 日起施行。《山东省学生体质健康促进条例》由山东省十三届人大常委会第五次会议于 2018 年 9 月 21 日通过，山东省人民政府颁布并于 11 月 1 日起施行。第二，结合《全民健身条例》的实施与执法检查，建立青少年体质健康专项检查督导制度，引入第三方独立机构参与青少年体质健康测试及评估，形成科学长效机制。第三，加强青少年体质健康的科学研究与科学指导，构建全国及各省市的青少年体质健康信息服务网络平台。第四，实施与大中小学各学段相配套的"学生体质健康促进工程"。第五，各级政府与教育及体育主管部门，在领导干部绩效考核中设立青少年体质健康评估指标。第六，加强青少年体质健康促进的国际合作，广泛借鉴国外先进经验。

三、监督机制的路径优化

针对学校体育的督查，各级政府与教育部门必须要进一步加大力度，对其建立相应的专项督导制度，督导结果公告也要制度化。学生体质健康状况监测制度要进一步完善，进行定期监测与公告。教育督导、评估指标体系里要进一步加大学生体质健康状况与体育工作的权重，同时以此为重要依据对地方与学校工作进行评估。表彰奖励那些成绩突出的个人、学校、部门以及地方政府。一票否决那些青少年体质健康出现下滑的学校与地方政府。各个地区要在日常行政工作体系里纳入社区青少年体育工作，监督评价机制要进一步完善。除此之外，各级各类学校要建立健全相应的运动安全预警机制与体育工作条例，同时还要有完善的监督评价机制与之相配套。

2008年，教育部颁布了"中小学体育工作督导评估指标体系（实行）"。教育和体育行政部门密切协作，对学校体育卫生工作加大了管理力度；从教育管理、条件保障、评价机制、体质状况等方面建立了中小学体育工作督导评价体系，坚持督导和督学相结合，初步建立了学校体育的督导制度。

第二节　组织体系的改革与优化

一、组织体系路径优化

学校体育得以实施的主体机构就是学校，各级各类学校要将学校体育的地位与价值作用以办学理念的高度加以明确，将其纳入校园文化建设，并作为一个主要组成部分，所以，对于校内组织体系来讲，参与实施的组织体系应包含：校长为核心的领导层、作为组织机构的主体的体育教研组、少先队和团委、各个班主任以及学生体育社团。

学生的校外主要活动空间就是家庭和社区。尤其是社区要将青少年体育作为其体育工作重点，基于"四点半学校""青少年体育活动阵地"等形式开展丰富多彩的体育活动，并将具有活力与吸引力的运动项目提供给学生，促使其体育活动的空间与平台得以进一步拓展。

基于社会、社区、学校以及家庭各个组织机构的共同参与，促使青少年体育服务系统得以构建，学校体育组织体系得以进一步完善。当下，对于学校体育来讲，家庭、社区、学校体育的工作壁垒在其多元化实施主体结构里如何打破，沟通三者之间的关联性，仍然有待探索和创新。我们认为，构建了学校体育多元化的实施主体结构，就意味着其实施途径也必然涉及校内外各种资源的整合。就校内而言，应实现"课内外一体化"管理，让学校体育延伸向课内与课外的结合；就校外而言，应实现家庭—学校—社区三位一体的整合体系，让体育不仅源于学校，更应源于整个社会和家庭。

(一) 学校路径优化

体育课、课外体育活动、课余竞赛、校园文化建设都是学校体育的重要实施途径。其中，体育课教学因其特殊的教育地位，而具有某种强制性。因而，体育课是学校体育非常重要的实施途径之一。目前，学生"体育厌学"现象，教师"放养式"教学现象、因安全问题"因噎废食"等现象仍然较为严重，体育课正向功能的实现受到这些负面现象的严重制约。不少学校当下在开展学校体育时，大多将课余体育活动作为其关注焦点，体育课堂的重要性却被忽视，真可谓是舍本逐末。对体育课的关注，在开足课时的同时，更要重视创新体育教学的手段与内容以及对校本课程的开发，值得推广的诸如体育实际课时基于校本课程的依托得以增加，促使体育学习方式转型得以实现，学生在体育课里的自主管理能力得以提升等。

课外体育之所以对广大青少年具有极大的吸引力，成为他们参与体育的主要平台，主要是因为课外体育具有明显的趣味性、自主性等特点。对丰富多彩、充满活力的课外体育活动，学生对其是极为感兴趣、极为期待的。然而这个平台该怎样更好地利用，是极为重要的。现在，活动和竞赛的组织成为学校课外体育工作的重点，然而对于学生自我管理能力的培养与引导是明显不够的，此类管理平台的设计更为缺失。若各级各类学校的青少年体育社团建设能够基于少先队、团组织的领导而得以进一步完善，学生的活动空间将会得到更大的拓展，体育社团既让学生拥有了参与运动的组织体系，也将更好的自我管理平台提供给他们，促使他们的社交基于社团得以丰富，团队归属感更强，具有极为深远的教育意义。

(二) 家庭、社区路径优化

家庭自身文化是形成家庭体育氛围的主要因素，然而也能够基于家长讲座、亲子运动会等学校教育的方式进行强化与引导，不仅让家校联系更为密切，同时也让家庭体育得以形成。

诸如社区青少年俱乐部、"四点半学校"等社区体育于近年在各地悄然尝试兴起，经验积累日益丰富，慢慢变成青少年体育发展的有一个重要途径，让社区体育显得更为灵活。除此之外，社区还能够基于自身和家庭有着密切联系这一优势，举办各类青少年体育兴趣班、家庭运动会等，让青少年的体育活动形式更为丰富。

此外，要面向全体青少年学生举办体育俱乐部，将部分具有时代特点的新兴时尚的运动项目提供给他们，为他们举办形式多样的运动竞赛。积极宣传推广各种类型的冬（夏）令营活动，促使更多的青少年加入。

对重视青少年体育的舆情环境要大力营造。对科学的健康观、人才观、教育观要基于社会媒体力量加大普及与宣传力度，对学生体育活动要加强群众性报道宣传，让青少年学生在良好的社会氛围中积极主动地参加体育锻炼。

社区可以基于讲座、宣传栏等手段对家长普及青少年体育锻炼的科学方法与相关知识，以便形成良好的家庭氛围。

学校在进行校园文化建设时，要积极宣传与普及青少年体育知识，基于体育节或者重大体育赛事等作为体育知识的普及与宣传契机，促使潜移默化的教育环境得以形成，让校园文化传统更为浓郁。

二、组织效率路径优化

学校体育改革中每一项制度的实施，都必须依赖于组织体系来完成。个人无法保证学校体育改革的大规模实施。因此，要保证学校体育改革的顺利进行，必须要配备高效率的组织。提高学校体育组织体系（包括体育行政部门、学校、社区、家庭）的适应效率是学校体育改革首先应该解决的问题。一系列有效制度与之相匹配，才能保障学校体育组织的适应效率。就目前的学校体育组织而言，机制运行低效是一个重要的制度根源。

一般而言，一个高度复杂的组织体系，要扮演各种不同的角色，经常比一个简单的组织体系更加倾向于进行大刀阔斧的改革。因此，利用和鼓励发展利用特殊知识，允许实验，积极探索解决问题的各种途径。各种各样的角色显然会增加学校体育组织体系遇到改革的可能性。由于小小的个体有权最先对改革进行探索，所以分权有利于发动改革。但是，如果受到改革影响的人数众多而没有集中的权利来进行决策的话，影响最广泛的改革就无法进行实施。换一句话说，创新机制或氛围需要有效的制度为学校组织体系来提供。制度的主要功能就是为学校组织体系提供一种适应外部不确定环境的"适应效率"，这也是制度作为一种重复博弈的规则。有效的制度加上学校组织体系就能在不确定性、竞争和复杂的环境里生存和发展。

学校组织体系的规模越大，管理的层次就越多，多层次管理人员为了协调和指挥下属的活动，相应的权力要求是必然的。所以，伴随学校管理层次的增加与组织体系规模的扩大，权力与职责也就随之逐层进行分解。并且，决策权在组织规模扩大至一定程度时依然处于高度集中状态，那么"规模负经济"就有可能出现，所以，推迟或避免组织体系发展达到"最佳规模"的方式常常就是分权。

若某个工作单位远离组织体系总部，那么常常就要进行分权。由于对总部而言，对现场操作的指挥因为不在现场而不易做到正确、有效；并且分散在各地区的单位主管往往表现出强烈的自治欲望，这种欲望如果不能达到一定程度的满足，则可能破坏组织的效率。

"在游泳中学会游泳"，在权力的使用中学会使用权力。低层次管理人员如果很少有实践权力的机会或只有实践很少权力的机会，则难以培养成为能够统御全局的人才，从而不能使组织在内部造就高层管理的后备力量。相反，独当一面的分权化单位主管可以非常迅速地适应总局工作。

第三节　运行机制的建设与优化

一、积极探索"体教结合"的新途径、新方法、新机制

学校体育工作的对象主体在学校，要抓好青少年的体育工作，必须依赖于体育部门和教育部门的通力协作。过去所谓的体教结合，主要结合点在业余运动训练、输送优秀体育人才上，未涉及其他层面。在当前学校体育面临的新形势和任务下，吸收部分省市"体教结合"的新经验与做法，重新定位、扩展"体教结合"的内涵，积极探索"体教结合"的新途径、新方法、新机制，使"体教结合"真正发挥其优势和作用。

其一是转变观念，拓展结合面。在当前新形势下的"体教结合"，是两个部门面向同一个青少年群体，在学校体育工作内容和任务上的合理分工、协作、优势互补和资源整合。

其二是学生体质健康工作的分工。教育部门及学校应重点抓住体质健康有关工作的实施；体育部门应重点抓学生体质健康的检测、干预督导及政策导向。

其三是后备人才的培养。应打破现有体育部门办教育的模式，借鉴"南通模式"，将业余体校尤其是二、三线业余体校办在教育系统，把点布在教

育、体育资源条件较好的中小学。由教育部门负责运动员的文化教育和全面管理，而体育部门的主要工作放在指导学生运动员的日常训练上。

其四是整合竞赛资源，科学系统的设计各级别的青少年竞赛活动。由体育、教育两部门统一安排每个年度的各级别、各种形式的青少年体育竞赛计划，共同组织各类比赛，共同投入竞赛经费，共同承认比赛的成绩。另外，学生运动员的注册工作也可由两部门分工统一管理。

其五是充分发挥体育、教育部门的各自优势，提高体育教师和教练员队伍的整体水平。通过体教结合，学校系统的业余训练工作，包括体育传统学校的训练，可以由体育教师和业余体校的教练员共同完成；业余体校甚至可以为学校提供专职教练员。这一方面可以解决当前学校体育师资不足的矛盾，也可以有效提高学校开展业余训练的水平。另外，体育、教育部门开展的各种培训活动，应将体育教师、教练员同时纳入，共同受益。

其六是体育、教育部门可联合定期开展学校体育工作的评估，并对评估结果予以公示。

二、加强青少年体育组织的建设，构建多方参与的青少年体育网络

第一，大力加强学校学生体育社团建设，鼓励学生参与自治、多样、自愿的体育社团活动。

第二，以青少年体育俱乐部和社区体育俱乐部为依托，与群体部门和社区管理部门协调配合，在社区开展家庭参与，以青少年为主体的体育活动。

第三，青少年体育组织应走出学校，与社区形成联动发展机制。不仅要在寒暑假期间组织内容丰富、形式多样的冬令营、夏令营；还应充分利用放学后及周末双休日的时间，组织学生参与体育活动。这不仅可以为学生提供丰富的体育活动内容，还可以通过青少年体育组织的辐射功能，带动社区体育文化的发展；同时还能为那些由于工作重担无暇顾及孩子的家长解除后顾之忧，在培养青少年健康的生活和行为方式、丰富青少年文化生活、提高身体素质和健康水平等方面发挥重要的功能。活动内容上可以包括，如体育技能传授、体育知识讲座、身体素质练习、野外生存、减肥训练、体育观摩活动等。

三、实施学生体质健康抽测及信息公示制度

实施学生体质健康信息公示制度有以下几方面的作用：一是使各省市教育行政部门及时了解当前学生体质健康状况，有利于教育主管部门及时作出有关政策调整，指导学校体育工作；二是有利于家长和社会各界了解学生体质健康

状况，提高他们的体育意识和支持学生参与体育锻炼的意识，带动社会成员体质健康，利用学校、家庭和社会的网络来促进学生的体育锻炼与体质健康；三是有利于实施学校体育工作的奖惩制度。

教育、体育部门应联合定期开展学生体质健康抽测工作，引入第三方参与测试及评估，提高评价的客观性与科学性，同时将抽查结果向社会公布，以引起全社会的关注，充分发挥社会舆论监督的作用。

四、改革中考加试体育制度，加强高考加试体育制度的探索和研究

研究表明，初三和高一学生的体质健康状况明显好于其他年级的学生，这主要归功于中考加试体育制度的实施。在今后一段时间内，应继续将体育纳入升学考试科目，这是促进学生体质健康的有效手段。通过考试的杠杆作用，能够调动学生、家长、学校、教师等多方面开展体育活动的积极性。应继续完善中考体育加试制度，增加中考加试体育的分值，改革考试内容和方法，加强高考加试体育制度的探索和研究，并在有条件的省市逐步实行高考加试体育制度。主要集中在：第一，加大中考加试体育的宣传力度，制定完善的中考加试体育考试制度。第二，在各类人群对高考加试体育都持支持态度的条件下，教育行政部门应着手高考加试体育方案的研究，使高考加试体育能尽快实施。第三，在高考加试体育的过程中可以省为单位，结合当地特点选择当地优势且有群众基础的运动项目，在操作层面上制定相关的政策法规。

参考文献

中文文献：

[1] 江良规. 体育学原理新论［M］. 北京：商务印书馆，1968.

[2] 蔡贞雄. 体育的理念［M］. 高雄：复文，2001.

[3] 杨东平. 大学精神［M］. 台北：立绪文化，2001.

[4] 许义雄. 社会变迁与学校体育. 运动教育与人文关怀（上）——政策与思想篇［M］台北：师大书苑，1988.

[5] 易剑东. 体育文化［M］. 台北：杨智，1998.

[6] 成有信. 教育政治学［M］. 南京：江苏教育出版社，2000.

[7] 李彬，萧远骑，张登华. 邓小平教育理论与基础教育改革策略［M］. 南京：南京师范大学出版社，2000.

[8] 谈松华，王蕊，王建. 中国区域教育现代化研究. 载于丁钢主编：中国教育——研究与评论第二辑［M］. 北京：教育科学出版社，2002.

[9] 詹栋梁. 教育社会学［M］. 台北：五南，2003.

[10] 陈春莲. 体育教学的反省与实践［M］. 台北：师大书苑，2004.

[11] 许立宏. 运动哲学教育［M］. 台北：冠学文化，2005.

[12] 刘一民. 运动哲学新论［M］. 台北：师大书苑，2005.

[13] 村上春树. 关于跑步——我说的其实是……（赖明珠译）［M］. 台北：时报文化，2008.

[14] Karl Jaspers 著，邱立波译. 大学之理念［M］. 上海：上海世纪出版社（原著于 1959 年出版），2007.

[15] 程瑞福. 体育理念与实践导读. 载于《德智体群美五育理念与实践》［M］. 台北教育部：2007.

[16] 王建台. 自然主义与身体教育. 运动教育与人文关怀（上）——政策与思想篇［M］. 1988.

［17］林东泰. 休闲教育与其宣导策略之研究［M］. 台北：师大书苑，1997.

［18］周宏室主编. 运动教育学［M］. 台北：师大书苑，2002.

［19］萧宗六. 基础教育改革研究［M］. 北京：人民教育出版社，1996.

［20］金一鸣. 中国特色社会主义教育研究［M］. 济南：山东教育出版社，1998.

［21］姜添辉. 资本社会中的社会流动与学校体系——批判教育社会学的分析［M］. 台北：高等教育，2002.

［22］国家体委政策研究室. 体育运动文件选编1982—1986［M］. 北京：人民体育出版社，1989.

［23］张彩珍主编：中国体育年鉴1949—1991（上册）［M］. 北京：人民体育出版社，1993.

［24］张彩珍主编：中国体育年鉴1988［M］. 北京：人民体育出版社，1991.

［25］张彩珍主编：中国体育年1989［M］. 北京：人民体育出版社，1991.

［26］国家教育委员会体育卫生与艺术教育司主编. 学校体育卫生工作文件汇编［M］. 北京：人民教育出版社，1997.

［27］陈锦华主编. 学习贯彻《国民经济和社会发展九五计书和2010年远景目标纲要》［M］. 北京：人民出版社，1996.

［28］鲍明晓. 论奥运战略与我国竞技体育资源配置的效益问题. 载于奥运战略思考——奥林匹克运动与中国体育研讨会论文集［M］. 北京：奥林匹克出版社，1993.

［29］王则珊. 学校体育理论与研究［M］. 北京：北京体育大学出版社，1995.

［30］谢立中. 西方社会学名著提要［M］. 南昌：江西人民出版社，1998.

［31］联合国教科文组织国际教育发展委员会. 学会生存教育世界的今天和明天［M］. 北京：教育科学出版社，1996.

［32］［法］Gaston Mialaret，Jean Vial主编，张人杰等译. 现代教育史（1945年至今）［M］. 台北：五南图书出版公司，1993.

［33］张宇. 过渡之路：中国渐进式改革政治经济学分析［M］. 北京：中国社会科学出版社，1997.

［34］国家体委文史委员会、全国体总文史资料编审委员会编. 中国体育改革十五年——体育史料第18辑. 北京：国家体委内部资料，1998.

［35］陆遵义，李伟民，徐本力等. 高等师范院校体育院系联合办学模式探索［J］. 体育科学，2000，20（1）：7-10.

［36］黄少云，胡兴永. 论学校体育的战略地位［J］. 体育科研. 1998，17（2）：19-22.

［37］体育文史编辑部. 伍绍组谈《2010 年中国体育改革与发展纲要》［J］. 体育文史，1999，17（1）：1.

［38］杨贵仁. 牢固竖立健康第一指导思想，切实加强学校体育卫生［J］. 中国学校体育，1999，19（6）：6.

［39］王凯珍. 认清形势、明确职责、提高认识、统一思想——全国学校体育研讨会在厦门举行［J］. 学校体育，1992，12（3）：6-9.

［40］刘吉. 学校体育工作是一项打基础和着眼未来的工作［J］. 学校体育，1992，12（2）：4-6.

［41］邹时炎. 认真贯彻条例把学校体育卫生工作提高到一个新水平［J］. 学校体育，1991，11（1）：5-8.

［42］曲宗湖. 总结过去、规划今后、统筹安排、狠抓落实［J］. 中国学校体育，1995，15（1）：1.

［43］王占春. 新中国中小学体育教材建设五十年（上）［J］. 中国学校体育，1999，19（5）：4-6.

［44］苏竞存. 学校体育的特点及其在义务教育中的重要意义［J］. 课程教材教法，1987，7（9）：3-6.

［45］刘绍曾、曲宗湖. 中国学校体育发展战略［J］. 北京体育学院学报，1989，31（3）：1-9.

［46］周登嵩、李永亮、毛振明. 中国学校体育教学现状及 2000 年发展战略目标与对策研究［J］. 体育科学，1997，17（1）：17-22.

［47］洪丕熙. 制度教育学——重读《学会生存》［J］. 外国教育资料，1987，16（6）：59-67.

［48］李吉远. 学校体育的异化研究［J］. 天津体育学院学报，2008. 23（4）：336-338.

［40］王岗，李卓嘉，雷学会. 学校体育的目标："健康"乎？"强壮"乎？［J］. 体育学刊，2016，30（5）：9-15.

［50］张世威. 我国学校体育异化现象的审视与思考［J］. 天津体育学院学报，2008，23（6）：523-525.

［51］诺斯. 诺贝尔得主诺斯答京城听众问［N］. 经济学消息报，1995-5-8.

［52］洪嘉文. 我国学校体育政策制定之研究［D］. 台北：国立台湾师范

大学体育研究所，2003.

[53] 蔡欣延. 专体育教师课程价值取向形成历程之研究 [D]. 桃园县：国立台湾体育大学（桃园）体育研究所，2006.

[54] 苏彦仁. 二十世纪初美国新体育（New Physical Education）理论的形成与初期发展之研究——以学校体育为中心 [D]. 台北：国立台湾师范大学体育研究所，2001.

[55] 石明宗. 山难经验：一个运动与宗教观点的考察 [D]. 台北：国立台湾师范大学体育研究所，2005.

[56] 黄芳进. 运动美学诠释——高达美的艺术理论与运动世界之对话 [D]. 台北：国立台湾师范大学体育研究所，2006.

[57] 陈正平. 唐诗所见游艺休闲活动之研究 [D]. 台中：东海大学中国文学研究所，2006.

[58] 曾瑞成. 我国学校体育政策研究（1949~1997）[D]. 台北：国立台湾师范大学体育研究所，1999.

[59] 欧宗明. 台湾小学教师/教练角色之形塑——历史社会学的分析 [D]. 台北：国立台湾师范大学体育研究所，2007.

[60] 蔡祯雄. 西洋体育史 [D]. 台北：国立台湾师范大学体育研究所，1995.

[61] 杨昌勇. 当代西方"新"教育社会学进展评析 [D]. 华东师范大学博士学位论文，1999.

英文文献

[1] Newell, K. M. , "Physical activity, Knowledge types and degree programs", Quest, 42, (1990): 243-268.

[2] Siedentop, D. , Undergraduate teacher preparation, IN C. B. Corbin & H. M. Eckert (Eds), The evolving undergraduate major: 28-34, American academy of physical education papers, 23, Champaign, I. L. : Human Kinetics, 1990.

[3] Annario, A. A., Cowell, C. C., & Hazelton, H. W. Curriculum theory and design in physical education (second edition) (Prospect Height, Illinois: Waveland Press, 1980).

[4] Bain, L. L., "Socialization into the role of participants: Physical education's ultimate goal", Journal of Physical Education and Recreation, 51. 7, (1980): 48-50.; Corroll, V. A. , The physical fitness objective in physical education, 1981. (ERIC Document Reproduction Service No. ED: 220439).

[5] Kretchmar, R. S. , "Toward a stronger position for physical education in higher education: Three recommendations", Quest, 40. 1, (1988): 47-55.

[6] Daniel, M. F., & Bergman- Drewe, S. , "Higher-thinking, philosophy, and teacher education in physical education", Quest, 50. 1, (1988): 33-58.

[7] Jewett, A. E. , & Ennis, C, D, "Ecological integration as a value orientation for curricular decision making", Journal of curriculum and supervision, 5. 2. (1990): 120-131.

[8] Althusser, L. Ideology and the ideological state apparatus. In L. Althusser (Ed.), Lenin and philosophy and other essays (pp. 127-186). London: New Left Books. 1971.

[9] Meyer, J. W., & Rowan, B. Institutionalized organizations: Formal structure as myth and ceremony. American Journal of Sociology, 1977, 83 (2): 340-363.

[10] Xu, D., & Shenkar, O. Institutional distance and the multinational enterprise. Academy of Management Review, 2002, 27 (4): 608-618.

[11] Weimer, D. L.. Institutional Design. Boston: Kluwer Academic Publishers, 1995: 56.

[12] Peters, B. G.. Institutional Theory in Political Science. London: Pinter, 1999: 137.

[13] Lucas, R. E.. & Jr. Adaptive behavior and economic theory. Journal of Business (Supplement), 1986, 59 (4): S401-S426.

[14] Coase, R. H. The problem of social cost. Journal of Law and Economics, 1960, 3 (1): 1-44.

[15] North, D. C., & Thomas, R. P.. The Rise of the Western World: A New Economic History. Cambridge: Cambridge University Press, 1973: 79.

[16] Schultz, T. W. Institutions and the rising economic value of man. American Journal of Agricultural Economics, 1968, 50 (5): 1113-1122.

[17] March, J. G., & Olsen, J. P.. Recovering Institutions. New York: Free Press, 1989: 86.

[18] Schattschneider, E. E.. The Semi-Sovereign People: A Realist's View of Democracy in America. New York: Holt, and Winston. 1975: 168.

[19] Fiorina, M. Rational choice and the new institutionalism. Polity, 1995, 28 (1): 125-128.

[20] Koelble, T. A. The institutionalism in political science and sociology. Comparative Politics, 1994, 27 (2): 231-243.

[21] Hall, P. A., & Taylor, C. R. Political science and the three new institutionalism. Political Studies, XLIV, 1996: 936-957.

[22] DiMaggio, P. J., & Powell, W. W. The iron cage revisited: Institutional isomorphism and collective rationality in organizational fields. American Sociological Review, 1983, 48 (2): 147-160.

[23] Johansson, S. R. The computer paradigm and the role of cultural information in social systems. Historical Methods, 1988, 21 (4): 172-188.

[24] Boyd, R., & Richerson, P. J. Culture and The Evolutionary Process. Chicago: University of Chicago Press, 1985: 179.

[25] Scott, W. R. The adolescence of institutional theory. Administrative Science Quarterly, 1987, 32 (4): 493-511.

[26] Selznick, P. Leadership in Administration. A Sociological Interpretation. New York: Harper & Row, 1957: 193.

[27] Berger, P. L., & Lukmann, T. The Social Construction of Reality. New York: Doubleday, 1967: 208.

[28] Hertzler, J. O. American Social Institutions. Boston Allyn & Bacon, 1961: 324.

[29] Friedlanc, R., & Alford, R. R. Bringing society back. In Symbiosis, Structures and Institutional Contradiction. Paper presented at the Conference on Institutional Change. Center for Advanced Study in the Behavioral Sciences, Stanford, CA. May, 1987: 15-16.

[30] Lau, C. M., Tse, D. K., & Zhou, N. Institutional forces and organizational culture in China: Effects on change schemas, firm commitment and job satisfaction. Journal of International Business Studies, 2002, 33 (3): 533-550.

[31] Meyer, J. W., & Rowan, B. Institutionalized organizations: Formal structure as myth and ceremony. American Journal of Sociology, 1977, 83 (2): 340-363.

[32] Ahlstrom, D., Young, M. N., Nair, A., & Law, P. Managing the institutional environment: Challenges for foreign firm in post WTO china. Advanced Management Journal, 2003, 68 (2): 41-49.

[33] Tolbert, P. S., & Zucker, L. G. Institutional sources of change in the formal structure of organizations: The diffusion of civil service reform, 1880-1935. Administrative Science Quarterly, 1983, 28 (1): 22-39.

[34] March, J. G., & Olsen, J. P.. The new institutionalism: Organizational

factors in political life. American Political Science Review, 1984, 78 (3): 734-749.

[35] Habermans, J. The Legitimation Crisis. Boston: Beacon Press, 1975: 356.

[36] Friedson, E. The Profession of Medicine. New York: Dodd, Mead, 1970: 124.

[37] Stinchcombe, A. L. Constructing Social Theories. Chicago: University of Chicago Press, 1968: 268.

[38] Zucker, L. G. Where do institutional patterns come from? In L. G. Zucker (Ed), Organizations as Actors in Social Systems in Institutional Patterns and Organizations: Culture and Environment (pp. 23-49). Cambridge, MA: Ballinger, 1988: 79-80.

[39] Scott, W. R. Institutions and Organizations. Thousand Oaks, CA: Sage, 1995: 158.

[40] Larson, M. S. The Rise of Professionalism: A Sociological Analysis. Berkeley: University of California Press, 1977: 357.

附　录

附录一　课题组成员主要研究成果

1. 论文：中学体育教师的角色冲突及组织归属感研究，天津体育学院学报，2015，30（2）。
2. 论文：瑞典体育体制评述，首都体育学院学报，2015，27（4）。
3. 论文：体育教师专业认同与社会地位知觉探析，北京体育大学学报，2017，40（7）。
4. 论文：高校体育教师的社会地位阶层与认同调查分析，体育学刊，2017，24（4）。
5. 论文：对《体育与健康课程标准》中若干问题的批判性反思，武汉体育学院学报，2016，50（5）。
6. 论文："中国梦"导向下我国民族传统体育发展策略探析，山东体育学院学报，2015，31（3）。
7. 著作：社会分层与体育教师教育研究，中国纺织出版社，2018年12月。

附录二　受访同意书

受访同意书

首先感谢您的协助，参与本研究的访谈，本研究旨在了解学校体育改革与发展现状及存在问题，访谈时间 40～60 分钟，您的答案内容没有正确与错误之分，请您就记忆所及尽可能畅所欲言。

访谈中为了记录资料的完整性，请您同意可以录音，访谈结束后会进行整理逐字稿，逐字稿须经过您过目后方得使用，并保有删减的权利，访谈任何资料绝对保密，录音在逐字稿完成之后进行销毁。访谈中若感到不适，可随时中止，访谈内容不会以本名或任何影射本人之名呈现。

如果您已经充分知情且同意以上内容，请填妥个人基本资料后签署同意书之后开始进行。

年龄：＿＿＿＿＿ 岁

经历（可多选）：

●教育行政单位

　　□教育部　□省或直辖市教育厅　□县市政府教育主管机构

●教学单位

　　□大专院校教师　□中学教师　□小学教师

●其他（请协助填写）

　　＿＿＿＿＿＿＿＿＿＿＿＿＿＿＿＿＿＿＿＿＿

国家社会科学基金项目课题组

E-mail：

电话：

我阅读过以上内容，也清楚了解我的权利与相关细节，我同意并且愿意接受访问。

本同意书正本两份分别由受访者和研究者存留。

受访者：　　　　　　　　　日期：

研究者：　　　　　　　　　日期：

附录三　访谈逐字稿确认回函

访谈逐字稿确认回函

研究参与者：

您好！感谢您对本研究的支持并接受访谈，谨呈访谈逐字稿，再请您拨冗审阅，依据访谈同意书上说明，逐字稿须经过您过目后方得使用，并保留删减的权利，访谈任何资料绝对保密，录音在逐字稿完成之后进行销毁，使用资料时会将人名部分隐去，请您放心。再次感谢您的协助。

国家社会科学基金项目课题组

访谈逐字稿内确认书

本人＿＿＿＿＿，确认访谈转译的逐字稿，内容与本人想法一致，同意进行课题研究资料使用，访谈任何资料须绝对保密，不得以本名或任何影射本人之化名或所指的对象呈现。

修改意见如下（若无则免填，可翻页书写）：

研究参与者：
填写日期：

附录四 与中国学校体育相关的大事年表

1. 新中国成立前中国学校体育

1880~1885 年	洋务派创办天津水师学堂、天津武备学堂。西洋军操开始传入中国军事学堂。
1890 年左右	上海圣约翰大学等教会学校最早开展了以田径为主的运动会。
1891~1894 年	康有为在广州长兴里办"万木草堂"，课程中有体操内容，这是资产阶级改良派的体育实践。
1895 年前后	北京汇文书院和通州协和书院等教会学校开始开展棒球、墙球、网球、足球等近代运动项目。
1896~1898 年	美国麻省春田青年会干事学校体育教授蔡乐尔来天津发展青年会。篮球运动开始传入中国。
1900 年后	京、沪等地教会学校较多开展校际运动会。
1903 年	清政府颁布《奏定学堂章程》（《癸卯学制》）。这是中国近代第一个正式施行的新学制。
1905 年	浙江绍兴"大通体育会"和"大通师范学堂体操专修科"开办，是近代中国最早的体操专修科。
1906 年	清廷"学部"通令各省于省城师范"附设五个月

毕业之体操专修科”，以养成小学体操教育习惯。

1908 年	著名的“中国体操学校”和“中国女子体操学校”在上海创办。
1915 年	上海青年会创办“中华全国基督教青年会女子体育师范学校”。
1916 年	“南京高等师范学校体育专修科”创办，麦克乐任第一任科主任（1923 年后改称“东南大学体育系”；1927 年后改称“中央大学体育系”）。
1917 年	
4 月 1 日	毛泽东同志在《新青年》杂志发表《体育之研究》一文。
5 月	“北京高等师范学校体育专修科”创办（后改称北京师范大学体育系）。
6 月	恽代英在《青年进步》杂志发表《学校体育之研究》一文，对当时学校体育弊端进行抨击。
1918 年	第四次“全国教育联合会”和当时的“国会”通过决议：“推广新武术”，作为“中国式体操”列入中等以上学校体操课程。
5 月	鲁迅先生在《新青年》发表《随感录》等文章，对“新武术”等“国粹主义体育”进行抨击。
1919 年	上海私立东亚体育专科学校开办。
10 月	第五次“全国教育联合会”提出《改革学校体育案》，要求减少兵操，增加课外运动。
1920 年	上海两江女子体育学校开始创建。
1922 年 11 月	颁布《学校系统改革令》，也称“壬戌学制”。
1923 年	公布《课程纲要草案》。
1925 年	上海“江南大学体育联合会”成立。
1928 年	国民党政府在南京召开“第一次全国教育会议”，通过实施军事教育议案，规定对高中以上学生实行军训。此后，童子军被列入小学和初中正式课程之中。
1929 年 4 月 16 日	国民党政府教育部公布《国民体育法》。
1932 年 10 月 18 日	国民党政府教育部颁布《国民体育实施方案》。
1933 年 5 月 30 日~6 月 3 日	

成立了革命根据地第一个体育组织——"中华苏维埃共和国赤色体育会"。"中央国术体育传习所"在南京成立（后改称中央或国立"国术体育专科学校"）。

1933 年后　　吴蕴瑞、袁敦礼合著《体育原理》等书刊出版，美国实用主义体育思想广泛传播并影响中国体育界。

1936 年 8 月　　中、小学《体育教授细目》编印出版，为中国近代第一套较完备的中、小学体育教科书。

1940 年 3 月　　国民党政府教育部制定并公布了《各级学校体育实施方案》。

5 月 4 日　　抗日根据地著名的体育组织"延安体育会"成立。

1941 年

2 月 24 日　　国民党政府教育部颁布《国民体育实施方针》。

9 月　　抗日根据地著名的"延安大学体育系"宣告成立。

9 月 9 日　　国民党政府批准的《修正国民体育法》。

1945 年 6 月　　通过"国民体育实施计划"。

2. 新中国成立后中国学校体育

1949 年

9 月 29 日　　中国人民政治协商会议第一届全体会议共同纲领第48 条规定"提倡国民体育"。

10 月 26 日　　中华全国体育总会筹备委员会成立。

1950 年

6 月 9 日　　毛泽东提出"健康第一、学习第二"的指示。

7 月 1 日　　《新体育》杂志创刊。毛泽东为《新体育》题刊头。朱德为《新体育》题词："提倡国民体育。"

7 月 15 日　　在清华大学举办全国体育工作者暑期学习会，学校体育界著名专家马约翰、吴蕴瑞、徐英超等出席。

8 月　　教育部颁发第一个《中学暂行教学计划（草案）》，并规定体育课每周 2 课时，提出体育课和体育课外活动的内容。

8 月 28 日　　国家体育总会筹委会副主任徐英超教授任团长的中国访苏体育代表团对苏联体育运动的组织与领导、干部培训和学校体育的方面作了全面考察。

1951 年

7 月 26 日   中华全国学生第十五届代表大会决议中，关于中国学生运动的主要任务的第三条，要求"积极开展学校中的体育和文化娱乐活动，努力改进全国学生的健康状况。要使每一个学生都具有强健的体魄，能够胜任紧张的学习和繁重的工作。为适应祖国国防建设的需要，注意提倡军事体育"。

8 月 6 日   中央人民政府政务院发出"关于改善各级学校学生健康状况的决定"。

11 月   中华全国体育总会公布推行第一套广播体操。

1952 年   国家体育运动委员会成立，下设群众体育司，与教育部配合，对学校体育发挥了决策和指导作用。

6 月 20 日   毛泽东题词"发展体育运动，增强人民体质"，号召青年"身体好，学习好，工作好"。

11 月 8 日   华东体育学院在上海成立。这是我国历史上第一所体育学院，它是由南京大学、金陵女子文理学院和华东师范大学体育系合并组成（1956 年改名为上海体育学院）。

1953 年

4 月 3 日   教育部发文要求各省、市教育（文教）厅（局）应设立体育科或专职视导员，以指导所属各级学校体育卫生等工作。

10 月 14 日   中央体委、教育部发出关于正确发展学校体育运动，防止伤害事故的联合指示。

11 月 1 日   中央体育学院在北京成立（1956 年改称北京体育学院）。

1954 年

4 月 13 日   中央人民政府卫生部、教育部、高等教育部发布全国高等学校招生健康检查办法的联合通知。

5 月 3 日   中央人民政府体育运动委员会、教育部、高等教育部等六部委联合发出《关于在中等以上学校开展群众性体育运动的联合指示》。

5 月 4 日   中央人民政府体育运动委员会公布"准备劳动和卫国"体育制度（简称劳卫制）的暂行条例和项目

标准。

8 月 26 日	中央人民政府体育运动委员会公布和推行第一套少年广播体操。
9 月 20 日	第一届全国人民代表大会通过中华人民共和国宪法。其中明文规定"中华人民共和国公民有受教育的权力""国家特别关怀青少年的体力和智力发展"。
11 月	教育部建立了编订全国统一的中小学体育教学大纲的机构——体育教材编写组，苏竞存任组长。
1955 年	
7 月~8 月	中央体育学院举办"苏联体育教育理论研讨班"，主要介绍苏联体育教育理论，对推动我国学校体育理论的建设和发展产生了重要影响。
1956 年	
2 月	高教部参照苏联高等教育学校体育教学大纲的基本结构，结合我国实际特点，以劳卫制为基础制定并公布《一般高等学校体育教学大纲》。
3 月	教育部公布了《小学体育教学大纲（草案）》。
5 月	教育部公布了《中学体育教学大纲（草案）》。
7 月 12 日	教育部下发关于改进小学体育工作的指示：强调应加强小学体育工作的领导，提高小学体育教师的水平，改进课外、校外体育活动。
1957 年	
5 月	高等教育部发出《关于高等院校一、二年级学生体育课不能改为选修课程的通知》。
6 月 19 日	《人民日报》发表毛泽东主席《关于正确处理人民内部矛盾的问题》。文中指出："我们的教育方针，应该使受教育者在德育、智育、体育几方面都得到发展，成为有社会主义觉悟的有文化的劳动者。"
1958 年	
2 月	国家体委和教育部在北京召开学校体育工作座谈会，制定了"学校体育工作十年规划"。要求各级教育行政部门各校积极开展劳卫制、运动竞赛、课外体育活动，提出了十年学校体育工作的指标和

要求。

3 月　　　　　教育部、卫生部发出《关于进一步加强学校保健工作领导的联合声明》。

1959 年

8 月 1 日～17 日　教育部和国家体委在保定召开全国高等体育院校和高等师范院校体育系科负责人会议，会议着重研究培养目标、系设置、教育计划等问题，交流了教学经验。

8 月 5 日　　　共青团中央下发关于广泛的组织青少年参加体育运动的指示。

1960 年

4 月 20 日　　国家体委、教育部、共青团中央发出《关于在青少年中广泛开展田径运动竞赛联合通知》。

5 月　　　　　中共中央、国务院颁发《关于保证学生、教师身体健康和劳逸结合问题的指示》。

6 月 3 日　　　国家体委、教育部、共青团中央发出《关于在青少年中大力开展游泳活动的联合通知》。

1961 年

2 月　　　　　教育部组织编写了"高等学校普通体育课教材纲要"和教学参考书。

3 月 6 日～15 日　国家体委在北京召开北京、上海、西安、武汉、沈阳、成都 6 个体育学院院长座谈会。会议讨论了编写体育院校教材问题，成立了体育院校教材编审委员会。

8 月　　　　　教育部发出"关于参考使用中、小学体育教材应注意的几个问题的通知"。

9 月　　　　　教育部发布《教育部直属高等学校暂行工作条例（草案）》。

1962 年

4 月　　　　　根据"八字方针"的要求，教育部发出《对当前学校体育工作的几点意见》的通知，要求各地各级学校从实际出发，加强学校体育的管理工作。

1963 年

4 月 15 日　　中华人民共和国体育运动委员会、教育部、卫生

	部、广播事业局、全国青年联合会、全国学生联合会等 11 个单位发出《关于做好推行第四套广播体操工作的联合通知》。
7 月	教育部在实行全日制中小学新教学计划（草案）中规定：小学六年均设体育课，每周 2 学时，上课总时数为 442 学时；中学六年均设体育课，每周 2 学时，上课总时数为 412 学时；同时，在初中生物课内设生理卫生（二年级下学期），每周 3 学时。
8 月	教育部在《三年之中等师范学校计划（草案）》中规定：各年级体育课每周 2 学时。同时设体育选修课，选修体育的学生免修体育必修课。
1964 年	
8 月 19 日	国务院转批教育部、卫生部在《关于中、小学学生健康状况和改进学校体育、卫生工作的报告》中提出：中小学校应该按照《中小学暂行条例》的精神和有关规定，把体育、卫生工作纳入全校工作计划。
1965 年	
3 月 11 日	国家体委发出《关于青少年体育锻炼标准（草案）的通知》并颁发《青少年体育锻炼标准（草案）和青少年体育锻炼标准青少年级、一级、二级目标标准》。
1978 年	
4 月 14 日	教育部、国家体委、卫生部联合下发《关于加强学校体育、卫生工作的通知》。
1979 年	
5 月 15~22 日	国家体委、教育部、卫生部、共青团中央在江苏扬州召开全国学校体育卫生工作经验交流会，会议研究了学校体育卫生工作的主要问题和解决途径，奖励了先进集体、先进工作者。要求为培养德、智、体全面发展的人才作出贡献。
10 月 5 日	国家体委、教育部联合发出《高等学校体育工作暂行规定（试行草案）》和《中、小学体育工作暂行规定（试行草案）》，并通知试行。

1982 年

8 月 27 日　　　　　经国务院批准，国家体委发布施行《国际体育锻炼标准》，同时公布《新（标准）的测验规则和测验成绩评分表（试行）》。

1987 年

1 月　　　　　　　国家教委颁发了新修订的《全日制小学体育教学大纲》（六年制）和《全日制中学体育教学大纲》（六年制）。

4 月 27 日~5 月 3 日　国际体委、国家教委在北京联合召开《国家体育锻炼标准》工作经验座谈会。各地交流了达标情况，并研究对现行《国家体育锻炼标准》的修改、调整工作。

9 月 23 日　　　　　国家教委举行新闻发布会，宣布《中学生体育合格标准试行办法》（简称《办法》）从 1988 年开始试行。《办法》规定，凡身体正常而体育不合格的学生，不能评"三好学生"，不能报考高一级学校。

1988 年

8 月 22 日~24 日　　由国家教委、国家体委、卫生部联合主持的全国学校体育卫生工作会议在南京召开，250 多人出席，会上各部有关负责人就学校体育卫生工作的深化改革发表了意见。

1989 年

11 月 8 日　　　　　国家教委印发关于《中学生体育器材设施配备目录》《小学体育器材设施配备目录》的通知。

1990 年

1 月 6 日　　　　　家体委公布《国家体育锻炼标准》。

2 月 21 日　　　　　国家体委公布《国际体育锻炼标准测验规则》和《国际体育锻炼标准评分表》。

3 月 12 日　　　　　国家教委、国家体委联合公布《学校体育工作条例》。

9 月 1 日　　　　　国家教委颁布《大学生体育合格标准》和《大学生体育合格标准实施办法》。

11 月 17 日　　　　国家教委颁布《农村教育综合改革实验县贯彻〈学校体育工作条例〉和〈学校卫生工作条例的意

	见〉》的通知，提出要充分发挥县政府对学校体育卫生工作的领导和协作作用。
1991 年	国家教委召开临汾农村学校体育工作座谈会，进一步强调农村学校体育工作的开展。
2 月 23 日	国家教委办公厅就全国部分高校 90 级新生"中学生体育合格标准"检测结果发表公告。
1992 年	
2 月 24 日	国家教委颁布《小学体育合格标准实施办法》。
3 月 3 日	国家教委办公厅发布《部分高校对 91 级新生"体育合格标准"检查结果公布》。
3 月 23 日	国家体委体育卫生司印发关于《普通高等学校学校体育场馆设施、器材配备目录》（征求意见稿）的通知。
7 月 11 日	国家体委、国家教委联合下发《中等体育运动学校合格评估标准》《中等体育运动学校办学水平评估标准体系》。
1993 年	
6 月 17 日	国家教委重新印发《中、小学卫生器械与设备配备目录》的通知。
11 月 26 日	国家教委颁布《关于全国普通高等学校体育教材建设》的意见。
1994 年	国家教委体育卫生与艺术教育司分别在广东省湛江市遂溪县、安徽省凤阳县、江苏省江宁县，甘肃省临泽县召开农村学校体育研讨会。
3 月 29 日	国家教委、国家体委、共青团中央联合发出通知。在全国各族青少年中开展"到阳光下，到操场上，到大自然中去陶冶身心"的活动，要求各地有关部门针对青少年的身心状况和年龄特点开展活动，达到强健体魄、磨炼意志、培养能力、陶冶情操的目的。
1995 年	
2 月 18 日	第 17 界世界大学生运动会在西班牙举行，中国队获 3 枚金牌，4 枚银牌，3 枚铜牌。
8 月 25 日~29 日	第三届中、日、韩青少年体育交流大会在河北唐山

举行。全国人大常委会副委员长王光英和程思远、中华全国体育总会主席李梦华、国家体委副主任刘吉出席了开幕式。

8 月 26 日	以"团结、奋进、文明、求实"为宗旨的全国第六届中学生运动会在武汉举行。中共中央总书记、国家主席江泽民为大会题词:"发展学生体育事业,促进广大青少年健康成长。"
10 月 1 日	《中华人民共和国体育法》开始实施。
12 月 29 日	国家体委、国家教委联合表彰奖励 100 所体育传统项目学校并授予先进称号。

1996 年

3 月 14 日~17 日	体育院校、研究所学位与研究生教育改革研讨会在云南昆明体育电子设备所举行,探讨高层次人才培养质量和办学效益的提高等问题。
3 月 27 日	国家体委、国家教委、卫生部、国家民委、国家科委联合发出通知,要求全社会都来关心青少年身体健康。
8 月 27 日	江泽民总书记为第五届全国大学生运动会题词:"发展学校体育运动,促进社会主义精神文明建设。"

1997 年

4 月 2 日	国家体委、国家教委、民政部、建设部、文化部联合下发《关于加强城市社区体育工作的意见》。
11 月 28 日	由中国体育科学学会主办、北京体育大学承办的第五届体育科学大会在北京举行。
12 月 11 日	由国家教委主办的全国学校体育卫生国防教育工作会议在北京举行。

1998 年

4 月 21 日	北京大学登山队唐元新、张春柏、高永宏登上海拔 8201 米的世界第六高峰卓奥友峰,实现了国内大学生攀登 8000 米高峰零的突破。
5 月	国家教育全国普通中学、职业中学、中等专业学校、技工学校、小学、幼儿园推行《中小学生幼儿系列广播体操》。

1999 年 10 月 25 日~28 日

在江苏省无锡市召开了全国学校体育卫生工作经验交流会。会议总结了 20 年来我国学校体育卫生工作的基本经验，讨论和分析了学校体育卫生工作的现状与问题，认真研究了在新的形势下全面贯彻党的教育方针和全国教育工作会议精神，全面推进学校体育卫生工作的有关问题，进一步明确了今后一个时期学校体育卫生工作的指导思想和主要任务。

2001 年 12 月

在北京清华大学召开第一届中国学校体育科学大会。大会的主题为"体育与健康"。